山东省软科学研究计划项目
"基于价值链分析的种业知识产权保护方法途径与探讨"
项目编号:2012RKA07005

潍坊学院博士科研基金
"植物品种权价值链利益分配问题研究"

ZHIWUPINZHONGQUAN JIAZHILIANLIYI FENPEIWENTI YANJIU

植物品种权价值链
利益分配问题研究

高洁　著

中国社会科学出版社

图书在版编目(CIP)数据

植物品种权价值链利益分配问题研究/高洁 著．—北京：中国社会科学出版社，2013.8

ISBN 978 - 7 - 5161 - 3104 - 6

Ⅰ．①植… Ⅱ．①高… Ⅲ．①植物—品种—知识产权—研究 ②植物—品种—农业企业—利益分配—研究 Ⅳ．①D913.04②F306.6

中国版本图书馆 CIP 数据核字（2013）第 192204 号

出 版 人	赵剑英
责任编辑	周晓慧
责任校对	林福国
责任印制	李 建

出　　版	中国社会科学出版社
社　　址	北京鼓楼西大街甲 158 号（邮编 100720）
网　　址	http://www.csspw.cn
	中文域名:中国社科网　　010 - 64070619
发 行 部	010 - 84083685
门 市 部	010 - 84029450
经　　销	新华书店及其他书店

印　　刷	北京市大兴区新魏印刷厂
装　　订	廊坊市广阳区广增装订厂
版　　次	2013 年 8 月第 1 版
印　　次	2013 年 8 月第 1 次印刷

开　　本	710 × 1000　1/16
印　　张	13
字　　数	206 千字
定　　价	39.00 元

目　　录

第一章 导论

一 问题的提出

（一） 宏观背景与植物品种权价值链问题研究的缘起

对植物品种权问题的关注和分析主要基于以下四个方面的背景：

1. 植物品种权资源已成为当今种子企业核心竞争力的源泉

21 世纪，随着全球竞争的加剧和科学技术的不断进步，知识的重要性日益突出，世界经济步入了以产权化为基础的时代——知识经济时代。与此同时，农业知识产权也得到了空前的发展，知识产权争夺的重心已经向农业及种子领域扩展，植物品种权正在演变成一种延伸着的权利和种子企业间竞争的有力武器。当育种者所持有的一项育种技术借助法律权利的保障而转化成具有独占性的植物品种权时，这项具有独占权的育种技术便成为保持自身优势、打击竞争对手的有效工具。谁掌握了品种权，谁就掌握了竞争的主动权；谁掌握的品种权资源多，谁的主动性就大。

2. 完善的植物品种权保护制度为植物品种权的转化和应用提供了制度保障

我国于 1997 年 3 月 20 日正式颁布了《中华人民共和国植物新品种保护条例》，宣布对植物新品种进行专门保护。在此之前，我国的植物新品种和种子的产权是开放性的，科研单位育成品种，种子公司可以无偿地使用和销售，育种家培育的自交系也常常互通有无，品种不是被特定主体所拥有，而是作为一种公益知识存在的。而在《中华人民共和国植物新品种保护条例》实施之后，育种者的权利受到了保护，种子经营者不能无偿使用新品种了，必须得到品种权人的授权才可以拥有新品种的开发使用权。

1999 年 3 月 23 日经全国代表大会常务委员会批准，我国正式申请加入国际植物新品种保护联盟（UPOV），并于 1999 年 4 月 23 日成为其第 39 个成员，执行 UPOV1978 文本。为了进一步完善植物新品种保护制度，农业部于 1999 年 6 月 16 日颁布实施了《中华人民共和国植物新品种保护条例实施细则（农业部分）》，并于 2007 年进行修订，修订后的《实施细则》自 2008 年 1 月 1 日起施行。国家林业局于 1999 年 8 月 10 日颁布了《中华人民共和国植物新品种保护条例实施细则（林业部分）》。

植物新品种作为人类脑力活动的结果，大多属于人类创造性劳动的成果。如果对其劳动成果缺乏有效保护，让植物品种权的创造者、传播者和投资者得不到合理的回报，不仅会挫伤新品种创造者的积极性，阻碍育种技术的创新，也不利于协调新品种传播使用中的利益关系，影响科技成果的推广应用。植物品种权作为一种精神财富，更多地需要借助于法律所赋予的独占权利，以保障相关当事人的知识产品权。只有减少植物新品种使用中的"搭便车"行为，才能对育种科技人员提供强有力的激励，加速育种技术创新；同时也才有利于减少植物新品种和育种技术传播、使用中的利益矛盾，促进品种权的转化和应用。由此可见，植物品种权保护制度是品种权创新和应用的基本制度保障，也是种业经济发展的重要基石。

3. 植物品种权的生成、传播与应用等环节之间的紧密衔接和循环运行，构成了现代种子产业的基本发展模式

首先，育种技术的创新是现代种子产业的灵魂，没有创新，就没有科学的进步，也就没有种子产业发展的动力。育种技术的创新又会带来新的植物品种权。其次，植物品种权的传播与应用是种子产业得以确定和发展的重要环节，品种权的价值取决于种子产业传播的深度与广度，而实现的品种权价值反过来又会推动种子产业的发展。这样一环扣一环，植物品种权的生成、传播与应用等环节之间紧密衔接和循环运行，构成现代种子产业的基本发展模式。

4. 建立植物品种权价值链是我国种子企业谋求发展的重要途径

对种子企业而言，其生存发展与竞争力越来越依赖于种质资源的存

量、不断进行育种技术创新的能力以及将种质资源迅速产业化的能力。植物新品种和育种技术成为企业的一种策略性资产和知识资源，企业通过将其商品化、产业化以实现市场价值。而有竞争力的植物新品种背后对应着受保护的品种权和新品种的研发，往往包含高密度的知识。种子企业如果单纯依靠自身内部来开发技术，需要投入过高的开发费用，独自承担较高的风险。事实上，任何一个种子企业想仅仅依靠自身的力量来保持其作物品种的领先性，其难度越来越大，研发投入的风险也越来越高。投入巨资研发出来的新品种，可能还没有来得及收回研发成本就已经在市场上被对手所超越而失去竞争优势，甚至可能尚在研发过程中就已经被竞争对手所超越，从而给投入育种研发的企业带来巨大损失。因此，建立植物品种权价值链是我国种子企业谋求发展的重要途径。

（二）微观释义与植物品种权价值链利益分配问题的设定

植物品种权价值链的优势在于资源共享，分担成本和风险，形成协同优势，了解或控制合作方的技术、市场和产品，影响市场的竞争态势。而道德风险和利益分配则是导致植物品种权价值链联盟不稳定的两个最主要因素。若能通过设计合理的利益分配机制，促使价值链组织成员放弃投机行为，将会大大提高价值链的竞争力。

对于植物品种权价值链上的各成员来说，其最终目的是获取一定的经济利益。因此，价值链在建立的同时也意味着一个新的利益分配格局的形成，而价值链上各成员之间能否实现利益的合理分配就成为一个至关重要的问题。一条价值链的成功运行与否必须以公平、合理的收益分配及风险分担方案的制订为基础。如果有任何成员不满意既定的分配方案，都会给合作带来一定的利益损失。特别是链上的核心成员不满意而选择退出合作联盟的话，这极有可能会导致价值链的断裂。所以，探讨植物品种权价值链利益分配问题能够提高合作伙伴参与价值链的积极性，也能够提高价值链运行的稳定性。我国无论是在植物品种权价值链的理论研究上，还是在种子企业实践操作上都处于初级阶段，利益分配问题是一个重要的制约因素。因此，植物品种权价值链的利益分配问题具有很强的探讨性和研究的现实意义。

在此基础上，本书从三个方面对"植物品种权价值链的利益分配问题"做进一步解析：

1. 植物品种权价值链利益分配的系统性解析

植物品种权价值链利益分配并非单纯是各组织成员对链上利益的瓜分，而是有其内在的动因与依据的。因此，对这个问题的理解与分析，应从系统的角度弄清楚整个植物品种权价值链的利益分配机制的含义、特点以及价值链上究竟有哪些利益可供分配。

2. 植物品种权价值链利益分配的过程性解析

在系统性解析的基础上构建模型以分析植物品种权价值链的利益分配问题，还不足以清晰地剖析其全貌。植物品种权在价值链流转过程中不断实现其价值增值。由于在不同阶段植物品种权实现其价值增值的方式不同，对应设计的利益分配契约也应是不同的。因此，将植物品种权价值链划分成两个阶段，选择出不同阶段的利益分配模式、利益分配契约应考量的变量，从而建立形成不同的利益分配模型，找出不同阶段下的最优利益分配契约方案，实现整个植物品种权价值链利益分配的最优化。

3. 植物品种权价值链利益分配的实证解析

尝试构建结构方程模型，验证在植物品种权价值链的利益分配契约设计中需要考虑哪些变量参数，深入剖析影响育种方、种子企业和分销商之间实行有效利益分配的因素，既可以有效验证前面的过程性解析，又可以为实现植物品种权价值链的有效运转提供具体的理论支持。

正是基于以上三方面的思考，本书选择了"植物品种权价值链的利益分配问题"作为研究方向，并进一步以植物品种权、植物品种权价值链利益分配模式选择与契约设计作为切入点进行研究；笔者在书中尽可能地做出较为细致的微观分析，构建形成植物品种权价值链利益分配契约的两阶段博弈模型，并且试图在政策层面上作出一定的思考。为此，笔者对这些问题予以了关注与思考：

（1）植物品种权价值链的内涵如何界定？品种权价值具有怎样的特性？品种权在价值链的流转过程中发生着怎样的演变与转化？

（2）植物品种权价值链的结构模型如何？结构模型可能存在多种表现形式，适用于分析植物品种权价值链利益分配问题的结构模型是怎样的？

（3）植物品种权价值链上是否存在核心成员？如果存在，核心成员是谁？与其他组织成员间的关系是怎样的？

（4）植物品种权价值链利益分配契约的设计需要考虑哪些因素？又如何将其体现在各阶段的博弈模型中？

二　国内外研究现状

（一）植物品种权经济视角的研究现状

目前，国外学者大多围绕植物品种权保护制度展开研究，早期主要关注"品种权保护制度存在合理性"的探讨。如普雷等（Pray et al.，1998）、杜阿尔特（Duarte，2001）一致认为，品种权保护制度必然会引起种子市场竞争环境的变化。埃斯科韦多（Escobedo，2002）指出，对农业生物技术的知识产权加强了种子企业获得创新回报的能力，刺激了企业对技术研发的投资水平。

在学术界对"品种权保护制度的积极影响"达成共识后，众多学者开始探讨"品种权保护对微观经济体以及国际育种技术转移的影响"，其中又以"品种权保护对微观经济体的影响"为主流。

（1）就种子企业而言，加西亚等（Garcial et al.，2000）以巴西种子行业为研究对象，发现在巴西有关育种技术的知识产权法得到正式批准后，国内种子公司纷纷发生重组、并购现象。研究提出在发展中国家实施植物新品种保护可以刺激外国资本进入育种行业，有效整合国内松散的育种市场。

（2）就研发机构而言，奥尔斯顿和温纳 Alston & Venner，2002）以美国的小麦育种产业为研究对象，探讨始于 1970 年的美国《植物品种保护法案》（Plant Variety Protection Act，PVPA）对该产业的影响。研发发现：知识产权制度对研发投资有着一定的激励作用，但研发投资的增加并不会带来小麦产量的增加；知识产权制度对公共科研机构和企业的研发刺激作用不同，对公共科研机构的激励作用较显著，但在小麦市场上育种企业的市场占有率提高了。伦塞和 H. 塞尔吉奥（Lence & Sergio，H，2005）探讨了风险因素对植物知识产权的影响，认为在政府提供植物新品种保护的前提下，育种者为了实现利润最大化，会不断增加投资力度以研发出效率更高的新品种，这样可以有效地打败其他竞争对手，从而保持其在研发领域的垄断地位。

（3）就种植农户而言，国外学者早在 1994 年就探讨了农民使用自留种子的问题（William Lesser，1994）。关于这个问题有两种观点：一种观点是保护农民的自留行为。如斯里尼瓦桑（Srinivasan，2003）提到，发展中国家在实施植物新品种保护以实现保障育种者研发利益的同时应兼顾收入低下的农民的福利，可以在销售种子时就相应提高种子价格，间接从第一代亲本种子的高价中获取因农民留种而损失的利润；另一种观点是限制农民自留行为，如布戈斯和凯维勒斯（Bugos & Kevles，2003）指出育种企业通过终结技术和法律的手段限制农民留种行为，充分回收其研发新品种的成本。还有学者探讨了农户选择作物新品种的内在动因，戈克汉·厄泽尔坦（Gokhan Ozertan，2001）选用传统的生产函数模型检验美国农户种植转基因作物棉花、玉米和大豆的经济行为及后果。研究发现，选择新品种的行为动因是其能够带来产量的增加并降低种植成本。

国内学者大多沿袭国外的研究思路。胡瑞法、黄季焜（1996）通过对植物新品种权保护制度的探讨，提出应加强对植物育种者权益的保护。陈超、李道国（2004）通过对江苏、山东等 6 省农户的实地调查，获取了农户种植玉米、水稻和小麦等大田作物的相关生产数据，通过实证分析，发现农户选用保护品种对其增收没有产生显著影响。他们认为，在保护育种者权利的同时，也应保证农民拥有某种排他性的种植权利，从而保障农户利益。吴立增、刘伟平、黄秀娟（2005）构建了植物品种权人收益与植物品种保护水平关系的理论模型，分析了品种权人新品种价格、品种权人成本及收益与保护水平之间的关系，得出新品种需求弹性和品种权人品种供给所占市场份额是影响新品种价格的重要因素；品种权人的收益和成本与保护水平成正比，提高保护水平既能够提高品种权人的收益，也会增加品种权人的成本；保护水平对品种权人利润的影响方向不能确定。黄颉等（2005）对《植物新品种保护条例》实施以来中国植物新品种保护的申请情况进行了分析，并应用 Probit 模型分析 1999—2002 年广东、湖南、浙江三省水稻品种申请的决定因素。他们认为，育种部门通常只对高产量、优质和杂交品种提出申请保护；

《植物新品种保护条例》有效地刺激了政府研究部门新品种保护申请的积极性，而对私人部门投资育种的影响不大。李寅秋、陈超、唐力（2010）通过对我国品种权保护实施以来种业基本情况的定量分析发现，植物新品种保护对我国种业行业集中度的提高产生了显著的正向影响。模型显示，品种权保护对我国种业行业集中度 CR4 和 CR10 均呈正向影响关系，表明品种权保护的实施显著提高了我国种业的行业集中度。但其对 CR4 的影响要大于 CR10，说明品种权保护对行业领导者更有利。此外，行业内企业数量的变动和相关种业政策的实施也对我国种业市场结构的变化起到了显著影响。

随着国内植物品种权保护制度的日益完善，部分国内学者开始将研究重点从传统的研究角度转向新的方向——品种权交易和实施，这一思路是在与发达国家成熟的种业产业化完全不同的背景下提出来的，其内容主要集中在以下三个方面：

（1）品种权交易和实施的理论基础。周衍平、杨学成（2006）指出，收益权是农业技术产权（农业知识产权的派生产权）的最终目的，但其前提是存在绝对清晰的产权界定，这样才能在技术产权交易过程中进行有效的测度，从而实现产权收益的分配。陈会英、周衍平、刘纪华、姜超（2007）根据现代产权经济理论，分析了植物品种权的权能构成——所有权、使用权、收益权和处置权。同时，还指出植物品种权具有排他性、有限性、可分解性、可让渡性和易逝性。

（2）品种权的交易和实施方式。周衍平、陈会英、赵瑞莹（2008）通过调查，从转让视角研究植物品种权转让的运行机制，分析了品种权转让的现状特点、主体行为、转让模式、转让策略等。彭玉珊、陈会英（2009）对植物品种权网上拍卖竞价方式选择及其优化实施提出了建议。吴魁、陈志石（2009）从加快农业植物新品种实施许可角度提出了一些相应的对策。邢岩、陈会英（2009）围绕"植物品种权入股"这一品种权资本化实施方式，深入探讨了品种权入股的三种模式、品种权入股选择模型以及品种权入股的实现激励，并提出了植物品种权入股的保障措施。满广富、宋霞、周衍平（2010）基于不完全信息动态博弈中精炼贝叶斯均衡的准分离均衡对植物品种权交易定价策略进行了分析，得出了交易双方在各自不同情况下的最优选择。

（3）品种权交易和实施过程中参与人行为研究。陈会英、周衍平、赵瑞莹（2010）利用14省（市）的问卷调查数据与深度访谈资料，对植物品种权人出让品种权的意愿、动机和行为进行了分析。结果显示，80%以上的农业科研院所和高等院校品种权人愿意出让品种权，出让品种权的首要动机是追求预期收益，合作是品种权人最主要的出让方式。赵瑞莹、陈会英、聂俊红（2010）基于进化博弈理论分析了植物品种权转让过程中受让方报价问题。研究结果表明，通过设计合理的品种权报价机制，不仅可以使品种权转让方获得较高的转让费，而且受让方也能获得正常利润。

上述研究者提出了"品种权有效实施"的思想，研究了植物品种权交易和实施的对象、过程、方式等，尚需针对植物品种权从生成到实施整个过程中的重要问题进行深入、系统的研究。

（二）价值链的研究现状

价值链概念最早是由美国哈佛商学院教授迈克尔·波特（Michael E. Porter）于1958年在《竞争优势》一书中提出的。"每一个企业都是用来进行设计、生产、营销、交货以及对产品起辅助作用的各种活动的集合，所有这些活动都可以用价值链表示出来。"① （如图1.1所示）

波特之后，国内外学者也对价值链的概念做了各种论述，彼此之间有较大的差别，从简单的供应链概念的替代到企业战略市场框架的描述，人们至今也没有形成统一的认识。彼得·海恩斯（Peter Hines）把价值链定义为"集成物料价值的运输线"（迟晓英等，2000），把原材料和顾客纳入价值链体系，把顾客对产品的需求作为生产过程的终点，利润只是被看成满足这一目标的副产品。雷波特和斯威尔克拉（Jefferey F. Rayport & John J. Sviokla，1995）提出虚拟价值链的观点，认为信息技术不再是产生价值的辅助因素，其本身也是价值的来源。理查德·诺曼（Richard Normann，2000）强调价值链成员间的网链关系，以核心成员为中心，将其与供应商、供应商的供应商乃至与一切前向的关系，与用户、用户的用户及一切后向的关系描述成网状。普瑞贝卡·科桑达拉曼等（Prabakar

---

① 迈克尔·波特：《竞争优势》，华夏出版社1997年版，第36—37页。

Kothandarama et al.，2001）提出价值网的模型。马克·雷恩伯德和戴维·沃尔特斯（Mark Rainbird & David Walters，2004）从战略和战术两个层次定义了价值链，张鸣（2007）也认同这种观点。尹美群（2006）用等式表述了波特的价值链概念：

价值链 = 价值活动；价值链的总价值 = 价值活动成本 + 价值增值。

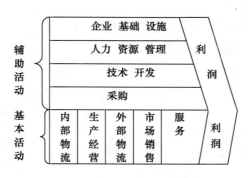

图 1.1　波特价值链

价值链理论揭示了企业之间的竞争不只是某个环节的竞争，而是整个价值链的竞争，而整个价值链的综合竞争力决定了企业的竞争力。如今，价值链思想被认为是研究竞争优势的有效工具，价值链被视为 21 世纪的组织形式。在科学技术迅速发展和知识重要性凸显的今天，价值链理论被广泛应用于技术和知识创新领域，出现技术创新价值链、知识价值链和知识产权价值链等一系列新概念，这些都是研究植物品种权价值链的理论基础。

1. 技术创新价值链

尽管学术界关于技术创新活动的划分并没有统一的认识，如斋藤优（1979）的四阶段划分，厄特巴克（Utterback，1999）的三阶段划分，罗斯维尔、罗伯逊（1973）和许庆瑞（2002）的六阶段划分，傅家骥（1998）的七阶段划分，但是对于技术创新价值链的内涵，大家都一致认为包含了企业一系列技术创新活动的价值增值过程。

张怀民、汤萱、王卉珏（2002）强调技术创新价值链重要环节的突破点是技术创新成果转化为生产力的转折点，但没有具体地描述该链条。徐国军（2005）借鉴学术界对技术创新活动的划分，将技术创新活动经过概念阶段、技术阶段、生产阶段、市场阶段的整个价值增值过程称为技术创新价值链（如图1.2所示）。他强调，概念阶段所形成的是新的思路、新的创新观点、新的概念性价值，这种价值会向技术阶段转移；技术创新项目进入技术阶段之后就进入了实质性阶段，其价值增值主要体现在技术的成功开发上；生产阶段是技术创新项目最终经济价值实现的一个桥梁；市场阶段则是价值增值的最后环节，整个价值链的大部分价值都要在这一阶段实现。

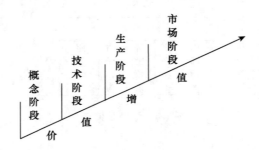

图1.2　技术创新价值链的价值增值过程

黄钢（2007）将技术创新价值链和农业科技创新结合起来，提出了农业科技价值链。农业科技价值链是指农业科技成果从技术创新源到大规模生产应用全过程中创新链条的集合体。根据不同的技术范畴可将其细分为种子科技价值链、农化科技价值链，或按作物细分为水稻科技价值链、玉米科技价值链、小麦科技价值链等。以种子科技价值链为例。种子科技价值链包括从品种创新来源、品种原创构想、品种技术设计、实验原型、品种技术孵化、技术商品、标准品种技术到新品种市场开发八类功能节点，企业、科研机构、大学、投资者、政府、中介机构、推广机构等若干创新主体都是科技价值链中的网络组织成员，分别承担着不同功能节点的创新功能（见表1.1）。

表 1.1 种子科技价值链结构功能分析

功能节点	代表符号	主要功能	阶段性成果
品种创新来源	S	种子科技价值链的起点，种子技术创新的基础；种质资源收集、保护；创新、利用；育种和生物技术创新	以各类专利、专有技术及新品种权为标志
品种原创构想	O	从知识和技术向市场和应用转变的关键转折点；市场导向的育种目标创新；实现育种目标的方法创新；围绕目标的种质资源创新	以具有市场应用前景的育种创新方案为标志
品种技术设计	D	育种创新方案的技术细化：资源、方法、技术、目标的整合；可操作方案的具体化	以可操作的品种创新方案为标志
品种实验原型	E	育种创新方案的产品化：选育新品系、新组合；预备试验；区域试验；生产试验；农艺学试验；品种审定	以形成具有市场应用前景的新品种权为标志
品种技术孵化	I	新品种产业化开发：育种家→种子基本→种子签证→种子标准化；新品种种子体系；多点生产试验与示范；标准化栽培技术研究与示范；种子生产标准化和基地培训；小农户种子繁育计划与种子质量控制	以成熟的产业化新品种、新技术为标志
品种技术商品	C	将成熟的新品种在商业化中推广应用：种子大规模生产标准化管理；种子加工、贮藏、物流；质量控制；签证、检验；营销网络建设与销售；高产示范与售后技术服务	以新品种市场占有率逐步提高为标志
标准品种技术	P	品种生产、繁育制种、高产栽培及加工技术，质量控制等技术标准化	各类新品种技术标准
品种市场开发	M	系列新产品在市场中大规模应用：种子大面积生产标准化；质量控制；加工、贮藏、物流；市场开发与营销拓展；广告宣传与高产示范；售后技术服务	品种创新收益超过投资，占有率大幅度提高，形成知名品牌

资料来源：黄钢、徐玖平：《农业科技价值链系统创新论》，中国农业科学技术出版社 2007 年版，第 70—71 页。

2. 知识价值链（Knowledge Value Chain，KVC）

传统的价值链忽略了对知识价值增值的探讨，而在知识经济的今天，知识是如何取得、如何转换、如何创造，继而又如何达到共享和有效利用，已成为企业亟待解决的问题。

蒂姆·鲍威尔（Tim Powell，2001）认为，知识价值链存在两大主要活动——知识获取（Knowledge Acquisition）和知识应用（Knowledge Application），相应地劳动力被划分为知识型员工（knowledge workers）和决策型员工（decision makers）（如图 1.3 所示）。整个知识价值链的起点是构建共同理解（shared understanding），包含七个关键环节——获取（acquire）、加工（process）、分析（analyze）、沟通（communicate）、应用（apply）、规划（formulate）和完成（implement），每个环节都有价值增值的可能，不可缺少，否则知识价值链就会断裂。

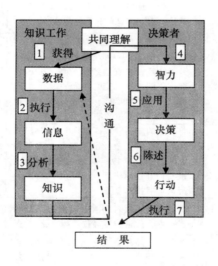

图 1.3   Tim Powell 的知识价值链模型

博茨和布鲁恩（Bots & Bruiin，2002）强调知识管理和流程（决定战略和政策、决定知识需求、共享知识和应用知识）的评估，构建了如图 1.4 所示的知识价值链模型。

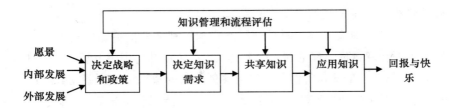

图 1.4 **Bots & Bruiin** 的知识价值链

达尼埃拉·卡卢奇等（Daniela Carlucci et al.，2004）将知识价值链描述为联系知识管理（knowledge management）和企业业绩（business performance）的桥梁（如图 1.5 所示）。通过假定四个前提条件，指出知识管理能带来企业业绩的提高和价值增值，是企业组织管理的核心部分。这四个假设条件分别是：知识管理以提高组织能力为基础；组织作用的有效性依赖于组织能力；业绩的提高依赖于高效的组织进程；业绩的提高等同于企业利益相关者所获收益的增加。

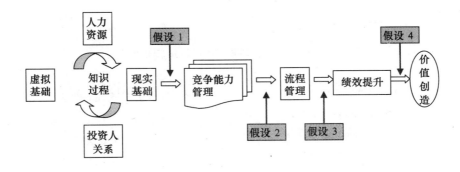

图 1.5 **Daniela Carlucci** 的知识价值链

克拉克·尤斯塔斯（Clark Eustace，2002）认为，在知识经济的今天，公司的竞争优势已经从有形因素向无形因素转变，价值链模型不应仅仅关注于物质供应链和实体流动过程的价值创造，应该着重于潜在的、能为公司创造效益的独特竞争因素的价值增值过程。克拉克·尤斯塔斯（Clark Eustace 在其模型中也涉及知识产权从潜在到有形资产的转化过程（知识产权价值链的内容），在一定程度上表明了知识价值链和知识产权价值链间的联系。

　　王瑞敏、刘险峰（2006）利用波特和沙利文的价值链分析方法，在总结前人和现行价值理论的基础上提出了一个新的知识价值链（如图 1.6 所示）。这个新的知识价值链不仅能够创造新的知识价值，还能够通过知识管理的各个组成要素获得新的知识，为企业提供新的知识竞争源泉。

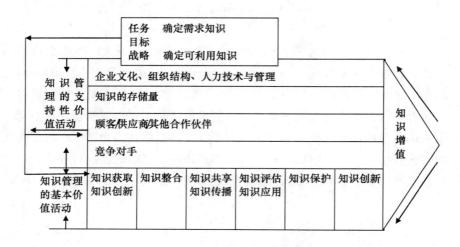

图 1.6　王瑞敏和刘险锋提出的知识价值链

　　黄卫国（2007）在综合已有的知识价值链研究文献的基础上，提出了如图 1.7 所示的知识价值链模型。该模型由四个部分组成：愿景与战略、投入、知识活动和产出，其中知识活动由辅助的知识活动和知识过程两大块构成。他还强调，知识过程不是简单的线性，彼此之间相互影响，并且不同企业的知识过程会有不同的组合方式。

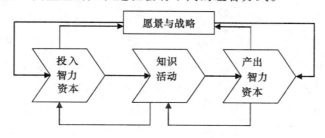

图 1.7　黄卫国的知识价值链模型

陈建军（2008）结合供应链理论，构建了供应链企业的知识价值链模型。该模型清晰地说明了从知识链管理、价值链管理向知识价值链管理的具体路径，包括以业务流程为基础构建企业知识价值链，通过业务流程重组优化企业知识价值链，将知识内化与知识外化相结合，建立有利于知识流动的企业间关系，构建知识价值链管理的组织体系等。

陈建校、方静（2009）在探寻企业知识竞争力的内涵和本质基础上，研究知识场、知识转化、知识库与企业资源之间的内在关联和互动过程，解析企业知识竞争力的形成机理，构建基于核心竞争力的企业知识价值链模型（如图1.8所示）。

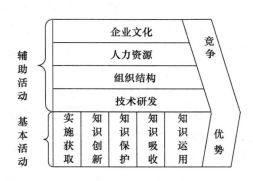

图1.8　基于核心竞争力的企业知识价值链模型

3. 知识产权价值链（Intellectual Property Value Chain，IPVC）

IPVC 是在知识价值链的基础上发展起来的。IPVC 中管理的不再是简单的知识，而是有产权保护的知识，是一个知识产权管理的全过程。比尔·巴雷特和戴夫·克劳福德（Bill Barrett & Dave Crawford，2002）明确提出了 IPVC 的概念。他们以生物技术公司所拥有的知识产权资产为研究对象，认为要想实现这些知识产权资产的价值最大化，最好的选择是引入价值链管理思想，即 IPVC。他们界定了 IPVC 的定义，并细致地按照知识产权资产产生的流程划分了价值链的各环节，包括概念构思（Conception）→原始研发基础（Primary Documentation）→设计草案（Capture）→初步调查（Initial Review）→正式设计方案（Formal Docu-

mentation）→正式调查（Formal Review）→获取知识产权（Legal Docu-
mentation and Patent Prosecution）→信息反馈（Feedback）。

　　胡允银（2009）提出，企业知识产权资产的生产与流动中存在着一条价值链，即企业知识产权资产价值链，具体描述为技术设想→检验论证→风险投资→权权保护→商业化开发。柴金艳（2009）指出，企业培育知识产权竞争优势就是要对知识产权价值链的各个环节进行有效的管理，增加知识产权价值链各个环节的附加价值。

（三）利益分配的研究现状

　　利益分配是价值链联盟形成及运作的核心问题，关系到价值链的稳定与失败。目前学术界还没有关于植物品种权价值链利益分配问题的研究，直接研究价值链利益分配问题的也较少，代表性的有：胡乔宁、王要武、胡乔迁（2009）研究了价值链中各企业间价值合理分配的问题，在明确企业价值链中各参与者关系的基础上，从价值分析和成本分析入手，针对价值链中各参与者的不同行为模式，对企业价值链的稳定性问题和价值链调整的合理性问题进行了分析，并给出了价值链稳定性及调整合理性的判定公式和相应的经济学解释。

　　由于植物品种权价值链中组织成员间的利益分配兼具产学研、一般供应链和动态联盟利益分配的特点，这里从产学研、供应链和动态联盟三个角度对利益分配的研究现状加以阐述。

　　1. 产学研角度的相关研究

　　理论上，刘学、庄乾志（1998）对合作创新的特征与风险来源进行了系统分析，提出了合作创新过程中风险分摊和利益分配的标准。在寻找具体的利益分配方法上，李霞等（2008）引入修改后的 Shapley 值模型；詹美求、潘杰义（2008）建立了校企合作利益分配模型，并探寻了利益分配的最优合约安排；任培民、赵数然（2008）引入期权—博弈整体化方法；黄波、孟卫东、李宇雨（2010）建立了基于道德风险的研发外包博弈模型，试图找出不同环境下的最优利益分配方式；卢艳秋等（2010）尝试用合作创新能力约束 Shapley 值模型，建立合作创新利益动态分配运行模型。

　　2. 供应链角度的相关研究

朱兰德和舒格（Jeuland & Shugan，1983）最先提出利益共享合同能够实现供应链协调。但利益共享契约是最近才引起学术界和实践工作者重视的供应链利益分配的一种合作机制。Li（2002）对利润共享机制进行了系统完整的研究。卡琼（Cachon，2002）在研究了利益共享合作机制的基础上，又进一步详细分析了供应链中的契约合作问题。姚等（Yao et al.，2008）研究了包含一个制造商和两个存在竞争关系的零售商的供应链系统中收益共享契约问题，分析了价格变动情况下零售商确定的最优零售价格和订货量、制造商与零售商之间的利益分配问题。张巍等（2008）比较了三方非协同创新、两方以及三方协同创新情形下由供应链、制造商和销售商组成的供应链的决策过程。他们发现在三方协同创新的情形下，该链的总收益、创新投入以及产品销量均达到最大。卓剑芝等（2008）提出了供应链联盟两步利益分配法——先以Shapley值法为基础进行利益分配，再考虑风险因素的影响给予联盟伙伴以合理的风险补偿。

3. 动态联盟利益分配问题研究

郑文军（2001）根据委托代理理论构建了敏捷虚拟企业中利润分配问题的模型，分析了合作研发组织中的利润分配与成员创新性努力重要性的关系。孙东川、叶飞（2001）提出采用纳什谈判模型解决动态联盟的利益分配问题。叶飞（2003）从三个视角研究了虚拟企业的利益分配问题——从合作伙伴满意度的角度提出了基于满意度水平的利益分配协商模型；从协商的角度提出了基于不对称纳什协商模型的利益分配方法；从群体决策的角度建立了利益分配的群体加权重心模型。骆品亮、周勇（2005）认为，对虚拟研发组织实行带有"团队惩罚"的利益分配机制，有助于虚拟组织的最终收益—产出达到帕累托最优。吴宪华（2001）也认同引入"团队惩罚"机制，证明团队惩罚机制是对产出分享合同的有益补充。刘书庆、杨帆（2007）建立了基于投资额、满意度和实际贡献大小的虚拟合作技术创新联盟利益分配三阶段过程模型，同时确定了合作技术创新联盟利益分配总系数和最终利益分配方案。闫威、陈林波（2008）研究了累积创新中动态联盟的利益分配问题，建立了动态联盟博弈时序下的利益分配模型，假设盟主对盟员具有完全谈判能力，对联盟各方的利益进行分析，从而得到累积创新中动态联盟最优的分配比例。杨晶、江可申、邸强（2008）提出一种综合利益分配法，运用 TOPSIS 思想为不同的利益分配方案确定权重，最后折中成一种综合方案，解决动态联盟各成员多种协商结果不一致的问题。

（四）文献述评

上述学者已有的研究成果，均给本书的撰写提供了深入展开的思路。通过分析可以发现，在植物品种权的经济视角、价值链以及利益分配方式等方面的国内外研究，具有以下特点和不足：

（1）植物品种权是一项专用于保护植物新品种的权利，对现代种子产业的发展发挥着重要的作用。国内外种子产业的市场环境和政策背景不同，自 1997 年以来我国植物品种权保护制度日益完善，但植物品种权的实施转化率严重滞后。这一现象产生的原因是品种权的生成、保护、交易和实施等环节主体的综合能力弱，组织化程度低，信息渠道不通畅。品种权在转移过程中出现断裂和不稳定，阻碍了品种权价值的实现。因此，如何将品种权价值实现过程中的各行为主体有效地链接起来，充分发挥科研院所和大学的品种权创新源头作用、种子企业的推广作用、中介机构的服务作用，实现彼此的紧密结合，是我国种子产业发展所面临的首要任务。因此，有必要从价值链视角分析植物品种权生成、保护、交易和实施的全过程，并从实证角度进一步深入角度系统地研究价值链环境下植物品种权的转移和价值增值过程，寻找合理有效的品种权价值链的结构模型，为充分协调植物品种权价值实现过程中各行为主体的关系，提高品种权的实施转化率提供理论依据。

（2）目前关于植物品种权价值链的研究很少，需要借鉴相关的理论。经过对已有价值链资料的总结，本书认为，植物品种权价值链的成员活动分析应该有一个研究的出发点，即所谓的核心成员，从核心成员出发延伸到上下游两阶段，上游对核心成员来说相当于"供应商"，下游相当于"用户"，依据流程的先后顺序依次分为一级、二级、三级，所有的成员通过彼此间的活动串联成一个网链。本书对植物品种权价值链的研究基本上是遵循上述观点展开的。

（3）技术创新价值链、知识价值链和知识产权价值链等方面的大量文献为本书研究"植物品种权价值链"提供了丰富的、可资借鉴的理论基础。

（4）植物品种权价值链的利益分配问题兼具产学研、一般供应链和动态联盟利益分配的特点，因此在探讨价值链上组织成员间的利益分配时要多方考量，不可一概而论，可以考虑分阶段构建利益分配模型，在不同阶段采用不同的利益分配方案。

（5）综合利益分配的相关文献，对利益分配问题的研究集中使用博弈论方法。而植物品种权价值链上成员间具有典型的委托—代理关系，因此，可以尝试将供应链领域的委托—代理模型应用于利益分配中。

（6）由文献回顾可以看出，有关供应链利益分配的实证研究很少，关于价值链利益分配的就更少了。究其原因，利益分配所涉及的收益问题比较敏感，很难调查到真实、有效的数据用于实证研究；引用典型案例的方式展开研究，又缺乏一般性。因此，本书尝试构建结构方程模型，以避开难以调查得到的具体收益数字。

三　相关理论借鉴

图 1.9 给出了植物品种权在两个层面上的相关理论以及与植物品种权价值链利益分配问题相关的各种理论，并粗略地描述了它们之间的关系。一直以来，由于学术界对"植物品种权"问题的研究仍主要集中在第一层含义上，其理论也相对多一些、成熟一些，但它与本研究联系不大，所以这里只对其进行简单罗列而不具体展开。近十年来，植物品种权的第二层含义和植物品种权价值链问题逐渐开始进入学术界的视野。到目前为止，直接的成熟理论也不多见。但植物品种权价值链问题涉及技术创新、知识产权经济学、博弈论及委托—代理理论等诸多方面，因此可以借鉴的相关理论很多，它们同样构成了研究该问题的基础。

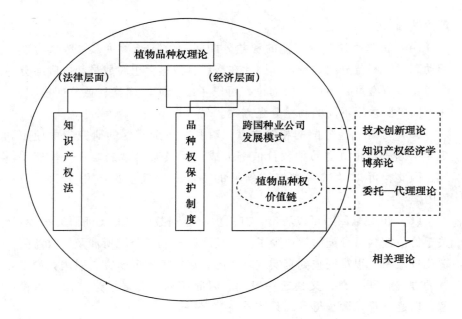

图 1.9　植物品种权理论及其相关理论

（一）技术创新理论

1. 技术创新概念

最早提出创新（Innovation）观点的人是奥地利经济学家约瑟夫·熊彼特（J. A. Schumpeter）。[①] 他首次提出了创新的理论观点，并对创新加以全面、具体的运用和发挥，形成了较完善的以技术为核心的创新理论体系。到 20 世纪 60 年代，新技术革命迅猛发展，美国经济学家华尔特·罗斯托（Walt Rostow）提出了"起飞"六阶段理论，把"创新"的概念发展到"技术创新"，把"技术创新"提高到"创新"的主导地位。到底什么是"技术创新"（Technovation，Technological Innovation 的缩写）？表 1.2 是对其的一个简单的归纳与概括。

依据前面的定义，对技术创新做一个全面的概括：

（1）技术创新本质上一个科技、经济一体化过程。对技术创新的

[①]　J. A. Schumpeter, "Can Capitalism Survive? No. I Do Not Think It Can," *Capitalism*：*Socialism and Democracy*, 5th ed. (London：Routledge, 1992), p. 61.

认识，无论是只强调技术，还是只强调经济，都是不全面的认识。只有两者结合，才有可能是理性的、现实的。这里之所以强调"可能"，是因为技术创新并不是技术开发和技术利用的简单相加，而是技术开发和技术利用相加后的整体，是 1 + 1 > 2 。也就是说，技术开发和技术利用是要组成一个有机的整体，在这个整体中，不仅需要从技术的角度、技术发展的规律考虑技术开发的可能性，还要以市场为导向，考虑技术开发的有效性。循着这一认识路径，可以看到，技术开发、开发成果的转移、技术开发成果的利用构成一个完整的技术创新过程。

表 1.2　　　　　　　　　　　　　技术创新的定义

	技术创新的定义
熊彼特	首次提出了创新的概念和理论，并列举了创新的具体表现形式，但没有直接给出严格的技术创新概念
伊诺思（Enos）	1962 年，伊诺思在《石油加工业中的发明与创新》一文中首次直接明确地从行为集合的角度对技术创新下了定义：技术创新是几种行为综合的结果，这些行为包括发明的选择、资本投入保证、组织建立、制定计划、招用工人和开辟市场等
林恩（Lynn）	首次从创新时序过程角度定义技术创新，认为技术创新是始于对技术的商业潜力的认识而终止于完全转化为商业化产品的整个行为过程
曼斯菲尔德（Mansfield）	从产品创新角度对技术创新进行研究，认为创新与发明或技术样品全然不同，是技术的实际采用或首次采用
弗里曼（Freeman）	弗里曼从经济学的角度考虑创新，把创新对象基本限定为规范化的重要创新。在 1982 年《工业创新经济学》（修订本）中指出，技术创新就是指新产品、新过程、新系统和新服务的首次商业化转型

续表

	技术创新的定义
美国国家科学基金会（NSF）	NSF 对技术创新的界定范围经历了一个从小到大的过程：①在 1969 年的研究报告《成功的工业创新》中将创新定义为技术变革的集合，认为技术创新是一个复杂的活动过程，是从新思想、新概念开始，通过不断地解决各种问题，最终使一个有经济价值和社会价值的新项目得到实际的成功应用②到 70 年代下半期，NSF 改变了对技术创新的界定，认为技术创新是将新的或改进的产品、过程或服务引入市场。这一界定明确地将模仿和不需要引入新技术知识的改进作为最终层次上的两类创新而划入技术创新定义范围中
缪尔塞（Mueser）	缪尔赛在 80 年代中期，在所搜集的 3008 篇相关论文中，发现约有 3/4 有关"技术创新"概念的表述接近：当一个新思想和非连续的技术活动，经过一段时间后，发展到成功应用的过程，就是技术创新。基于此，他作了如下定义：技术创新是以其构思新颖性和成功实现为特征的有意义的非连续性事件。这一定义表达了两方面的特殊含义：①活动的非常规性，包括新颖性和非连续性；②活动必须获得最终的成功
傅家骥	从企业角度给出了技术创新的定义：企业家抓住市场的潜在盈利机会，以获取商业利益为目标，重新组织生产条件和要素，建立起效能更强、效率更高和费用更低的生产经营方法，从而推出新产品、新生产方法，开辟新的市场，获得新的原材料或半成品供给来源或建立企业新的组织，包括科技、组织、商业和金融等一系列活动的综合过程

资料来源：百度百科（http://baike.baidu.com/view/15381.）htm，经作者整理。

（2）技术创新是技术进步与应用创新"双螺旋结构"共同作用所催生的产物。从科学的复杂性视角看，技术创新活动绝非简单的线性递进关系，也不是一个简单的创新链条，而是一个复杂、全面的系统工程。在多主体参与、多要素互动的过程中，作为推动力的技术进步与作为拉动力的应用创新之间的互动推动了科技创新。技术进步和应用创新两个方向可以被看作既分立又统一、共同演进的一对"双螺旋结构"，或者是并驾齐驱的双轮。只有当技术和应用的激烈碰撞达到一定的融合程度时，才会诞生出引人入胜的模式创新和行业发展的新热点。

2. 技术创新过程

由于受熊彼特思想的影响，在技术创新初始阶段所做的研究侧重于技术创新与市场结构的关系。随着对技术创新问题研究的不断深入，开始关注技术创新的过程。从 20 世纪 60 年代起，经过研究者的努力，提出了多个创新过程模型。

（1）按创新动力来源划分的技术创新模式。罗斯韦尔（Rothwell，1992）指出，人们对技术创新过程的认识已经从简单的线性模型演变到日趋复杂的相互作用模型，提出了技术创新的系统集成模型，又称为"系统集成网络模型"。李保红、刘建设、吕廷杰（2007）认为，传统的熊彼特三阶段范式不足以完全传达复杂的技术创新过程，没有体现各阶段之间的反馈，并构建了基于熊彼特三阶段范式的创新过程非线性模型（如图1.10所示）。

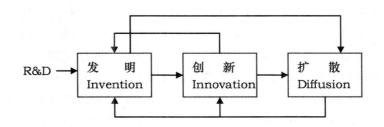

图 1.10　基于三阶段范式的创新过程非线性模型

（2）按决策阶段划分的技术创新模式。傅家骥（1998）将创新过程在逻辑上分为七个阶段：产生创新构思；提出设计原型；开发试验模型；工业原型开发；创新技术产品初次商业化；大规模生产；创新技术扩散。许庆瑞（2002）提出了技术创新六阶段分类观点，并指出了各阶段模型的作用。

3. 农业技术创新过程

农业技术创新过程实质上是农业科技成果的创造及其转化的过程，即科学研究成果向科技成果的转化、技术成果通过开发向生产领域的转化、新技术在小范围内应用成熟后向更广范围推广扩散的转化。主要包括科学研究、中试、产业化三个过程。① 齐振宏 （2006） 更加详细地描述了农业技术创新过程，分解了中试和产业化之间的流程，强调其实质是在政府推动和市场拉动双重动力作用下的技术市场化、商品化过程，也是科技链 （科学研究→中间试验→科研成果） 和产业链 （科研开发→生产产品→市场商品） 紧密结合的过程 （如图 1.11 所示）。

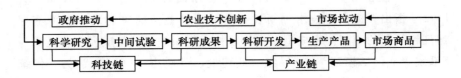

图 1.11　齐振宏的农业技术创新过程模型

（二） 知识产权经济学理论

知识产权经济学是研究知识产权如何在经济增长中发挥效用的学科，其效用主要包括权利效用、经济效用、技术效用、信息效用和竞争效用等方面。② 知识产权是一种生产要素，既是一种在人类社会发展过程中形成的，任何人都可以共同享有的社会财富，又是一种有很强独占性或垄断性的私有资产，知识产权资源对现代社会经济发展具有极其重要的意义。知识产权经济学一方面强调通过制定各种有利于知识产权形成的法律规则，优化配置知识产权资源；另一方面强调充分发挥知识产权的效用，实现知识产权生产函数和效用函数的最大化。

郭民生 （2004） 认为，知识产权经济是依靠现代知识产权制度和世贸规则，通过创造、占有、使用、运营知识产权资源等方式，对资本、人力、自然及其他有形资源进行市场配置、集约经营、管理创新和创造财富的活动或过程。王志敏 （2009） 认为，郭民生给出的"知识产权经济"的定义存在一定的局限性。他提出，对知识产权经济形态而言，物质生产虽然还存在，但却完全是（产权化）知识的物化过程，物质产品的价值将更多地取决于它们所包括的知识量的多少，劳动生产

---

① 熊银解、傅裕贵、欧金荣等：《农业技术：创新·扩散·管理》，中国农业出版社 2004 年版。

② 陈昌柏：《知识产权经济学》，北京大学出版社 2006 年版，第 1 页。

率的高低将主要取决于知识产权资源的创新与使用程度。

1. 知识产权资源的优化配置

从经济发展的意义上说，所谓资源是指对产出创造具备有效增长功能的各种投入的集合，但这些投入必须能为创造产出的投资者通过一定的方式所选择。一般来说，技术作为经济增长中一种必要的投入要素，已获得经济学家的公认，但技术本身并不会自然生长，它只能由一些人所创造和拥有，投资者也可以通过一定的方式对其作出选择（如购买专利和信息）以改进生产。但这种选择只是对其成果的选择，而不包括提供技术者本人。要使知识产权资产发挥作用还必须拥有掌握该项资产运用的人力资本，并在运用该资产的过程中对其加以不断的改进和提高，而这是一般的劳动力资源所不能满足的。强调技术作为一种资源并是对自然资源的替代，这是经济发展的必然要求，将这种无形资源和有形资源同样看待，建立包括有形资源和无形资源在内的广义概念，更符合在优化资源配置中实现经济发展的要求。①

作为经济增长的基本条件和表现形式，资源的优化配置是在个别利润率与平均利润率的差别中通过资源投入方向的不断变化，保持微观经济的竞争优势和实现宏观经济效率的最大化。② 但是，个别利润率与平均利润率的差别始终存在，资源流动固然会使原有的差别有所缩小，但在这个流动过程中又会有新的差别产生。这说明资源配置是一个连续的动态过程。其根本任务不是对实际的资源配置提供一个简单的调整方案，而是要构造一种优化配置的机制。因为最优化概念只是在理论上存在，不断的方案选择只是一个向其逼近的无穷过程。在这里，本书提出了"植物品种权价值链"概念，试图找到一个更符合实际的解决植物品种权优化配置问题的方向。

2. 知识产权的资本价值

作为资本，知识产权与货币等物质资本一样，遵循着最基本的资本本性，其运转能够带来价值增值。知识产权的价值评估是一切知识产权活动运转的基础，是推动知识产权产业化的有效手段和工具。

---

① 陈昌柏：《知识产权经济学》，北京大学出版社 2006 年版，第 8 页。
② 同上书，第 9 页。

在决定知识产权价值的因素方面，杨延超（2008）指出，知识产权价值并非由生产它的社会必要劳动时间所决定，而是由它所解放的劳动量和劳动时间所决定。余丹（2010）指出，可以通过知识产权使用所节约或增加的社会必要劳动时间或劳动量来衡量它的价值增值能力。同时还指出，知识产权使用中的依附性，决定其价值增值的不确定性，表现为知识产权价值增值随运用主体和运用方式的不同而不同。

张涛（2008）提出，知识产权资本的价值就是通过将知识产权中所包含的科技进步与技术发明直接转化为现实生产力，并将其转移和应用到社会生产中去，从而提高企业的劳动生产率，产生出知识产权资本的增值，为所有人、使用者及社会带来利益。他还指出，知识产权管理的重要内容之一就是进行知识产权资本的价值管理。即以知识产权资本价值最大化为宗旨和首要目标，通过整合企业的各种资源及各种职能手段，对知识产权资本进行价值创造、资本运作及收益分配的管理，促进知识产权资本的合理流动和扩散，实现知识产权资本的价值增值属性，谋求更大的经济效益和社会效益，实现企业知识产权资本动态增值的管理。

在知识产权价值的评估方面，李红娟、孙济庆（2007）结合知识产权所具有的经济特征，提出了一种价值评估模型——综合加权法。在评估中针对其价值产生影响的因素设定影响因子，根据影响因子作用的不同设置不同的权值。根据当时的市场条件和具体的实施环境，可动态确定权值，在交易时影响大的因素，其权重相对比较大，影响小的因素，其权重也随之变小，这样就可以最大限度地减少误差。李秀娟（2010）借用泰德·哈格林（Ted Hagelin）提出的知识产权评估竞争优势法（Competitive Advantage Valuation），以含被估知识产权的载体为依据，计算该载体因获得知识产权许可而增加的市场份额、价格等竞争优势，从而计算出被估知识产权的价值。

（三）博弈论理论

博弈论是研究合作成员间利益分配问题的主要理论工具。1944年由冯·诺依曼（John Von Neumann）和摩根斯顿（Oskar Morgenstern）合著的《博弈论与经济行为》（*Theory of Games and Economic Behavior*）

一书标志了博弈论的诞生。该书利用严谨的数学表达形式，通过分析博弈过程中 n 人的策略行为来确定参与者的最大化效用。博弈论的基本思想是通过对局中人（参与者）的决策行为及其相互影响的分析，研究理性条件下博弈过程中决策者如何作出最优决策，以达到均衡。一般认为，博弈主要分为合作博弈和非合作博弈。两者的区别在于相互发生作用的当事人之间有没有一个具有约束力的协议，如果有，就是合作博弈；反之，就是非合作博弈。

1. 合作博弈

合作博弈，又称"正和博弈"，是指博弈双方的利益都有所增加，或者至少是一方的利益增加，而另一方的利益不受损害，因而整个社会的利益有所增加。它研究人们达成合作时如何分配合作所得到的收益，即收益分配问题。这与其说是一种合作方式，不如说是一种妥协。妥协之所以能够增进双方的收益以及整个社会的利益，就是因为合作博弈能产生一种合作剩余。至于合作剩余在博弈各方之间如何分配，取决于博弈各方的讨价还价能力对比和技巧运用。因此，合作剩余的分配既是妥协的结果，又是达成妥协的条件。合作博弈强调团体理性（Collective Rationality），即效率、公平、公正。国内外众多学者在研究合作博弈问题时，大多使用 Shapley 值法展开分析。

2. 非合作博弈

非合作博弈是指一种参与者不可能达成具有约束力的协议的博弈类型，研究的是人们在利益相互影响的局势中应如何决策以使自己的收益最大，即策略选择问题。目前经济学家所谈的博弈论一般是指非合作博弈，合作博弈论在理论上的成熟度远远不如非合作博弈。非合作博弈分为完全信息静态博弈、完全信息动态博弈、不完全信息静态博弈和不完全信息动态博弈；与这四种博弈相对应的均衡概念分别为纳什均衡（Nash Equilibrium）、子博弈精炼纳什均衡（Subgame Perfect Nash Equilibrium）、贝叶斯纳什均衡（Bayesian Nash Equilibrium）和精炼贝叶斯纳什均衡（Perfect Bayesian Nash Equilibrium）。其中，纳什均衡奠定了非合作博弈的基础。

（四）委托—代理理论

19 世纪 30 年代，美国经济学家伯利和米恩斯提出"委托—代理理论"（Pincipal-Agent Theory）。该理论建立在非对称信息博弈论（Asymmetric Information Game Theory）的基础上，用于研究在利益冲突和信息不对称的环境下，委托人如何设计最优契约以激励代理人。非对称信息指的是某些参与人拥有另一些参与人所不拥有的信息。根据非对称信息发生的时间可以分为事前非对称和事后非对称。研究事前非对称信息博弈的模型称为"逆向选择模型"（Adverse Seletion Model），研究事后非对称信息博弈的模型称为"道德风险模型"（Moral Hazard Model）。逆向选择主要表现为代理人在签约之前为了取得代理权而隐瞒对自己不利的私有信息，通常表现为夸大自己的能力；道德风险是假定代理人有完成相关任务所需要的能力，但在任务执行过程中委托人无法对其所付出的努力契约化，这样，就容易导致代理人产生"偷懒"行为。

逆向选择和败德行为的解决需要委托人设计适当的激励机制。所以，委托—代理理论被研究的主要问题是：对于给定的交易活动，委托人如何激励代理人披露自己的私有信息或是激励代理人减少或消除道德风险，使代理人的行为更加符合委托人的利益。

假设委托人和代理人是风险中性的。一般而言，代理人的行为 a 和自然状态 θ 共同决定产出 x ，即 $x = x(a,\theta)$ ，其中 θ 是随机变量；委托人只能观察到 x ，而无法观测到 a 。这直接反映了信息的不对称。委托人的效用函数是 $V = V[x - s(x)]$ ，代理人的效用函数是 $U = U[s(x)] - c(a)$ ，其中 $s(x)$ 是委托人支付给代理人的报酬，$c(a)$ 是代理人的努力成本，并且 c' 和 c'' 均大于 0。根据参与约束和激励相容约束，委托人可以求出最优的报酬方案 $s(x)$ 。

如今，委托—代理理论被广泛应用于研究合作研发组织成员间的关系。合作研发的参与各方是独立的市场主体，有自己的利益。植物品种权价值链中育种方与种子企业之间也具有合作研发的特点，因此委托—代理理论是研究植物品种权价值链的理想工具之一。

四　研究方法与技术路线

（一）研究方法

本书在研究方法上采用的是跨学科的研究方法，综合制度经济学理论、价值链管理理论、博弈论等各种理论，在已经开展的大量相关基础研究工作之上，对植物品种权价值链进行理论和实践两个方面的研究。对具体研究方法及其可行性表述如下：

（1）理论研究法。有关价值链管理理论、技术创新理论、无形资产价值评估理论、委托—代理理论、不完全契约理论等各种理论研究为即将开展的研究工作提供了强大的理论基础。

（2）比较研究方法。目前没有关于植物品种权价值链的研究基础，需要大量借鉴相关领域的研究基础。运用比较研究方法，包括概念间的比较以及模型间的比较等，由此在相互比较中界定概念的内涵与外延，把握其本质，定位现实的状况。

（3）博弈均衡分析法。以价值链管理理论与博弈论为基础，从植物品种权价值链复杂的网络结构中分析并定义组织成员之间的关系，给出基本链的概念，并进一步论证各组织成员间的均衡博弈问题。

（4）实证分析法。在规范分析的基础上，通过调查问卷的方式，获得成员工作努力水平、讨价还价能力、合作模式、对价值链的投入与贡献等方面的相关信息；应用 SPSS 18.0 和 AMOS 18.0 等统计软件对相关变量进行实证分析，研究影响 PVR-VC 利益分配契约绩效的因素，从而为博弈模型的构建寻找合适的契约参数。

（二）技术路线

本书的基本研究框架如图 1.12 所示。

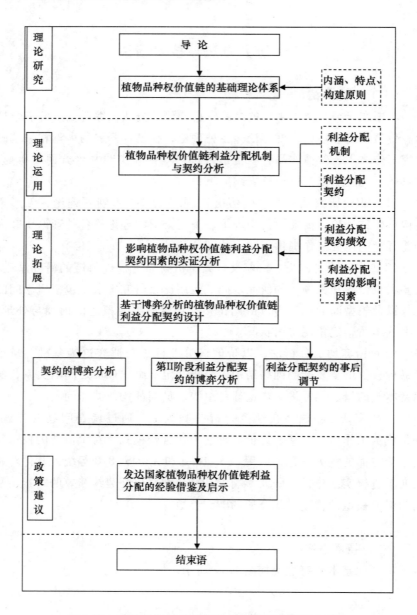

图 1.12   植物品种权价值链利益分配问题的技术路线

五　本书贡献与不足

（一）本书贡献

本研究在理论和方法上的贡献主要有：

（1）依据植物品种权的特性，从价值链分析视角构筑了植物品种权价值链利益分配的理论体系、契约设计与运行机制的整体分析框架。

（2）基于实地调研数据，构建了植物品种权价值链利益分配结构方程模型，探讨了植物品种权价值链利益分配契约影响因素与契约绩效之间的关系，扩展了植物品种权价值链利益分配的实证研究。

（3）在确定利益分配系数的基础上，引入创新成本补贴因子和惩罚因子以对植物品种权价值链利益分配契约进行博弈模型分析，从而有效地激励育种方与分销商参与植物品种权价值链的积极性。

（4）选用 Shapley 值法，依照植物品种权价值链利益分配原则及利益分配影响因素进行分析，构建植物品种权价值链利益分配契约设计并对原始 Shapley 值模型进行了修正。

（二）本书不足

植物品种权价值链利益分配问题研究是一个崭新的研究领域，本书对这一问题的研究只是初步的。统计资料的匮乏与案例研究资料的稀缺是植物品种权价值链利益分配问题研究的主要"瓶颈"。本书尚未对植物品种权价值链链接节点的增值性等问题展开深入研究，期望本研究能够起到抛砖引玉的作用，能有更多的学者加入到这一课题的研究中，以丰富植物品种权价值链研究理论，这也是笔者研究这一课题的初衷。同时建议国家有关部门健全对参与植物品种权价值链利益分配的各行为主体相关方面的统计制度，以便在实证分析方面能进行更加深入、系统的分析。随着我国农业知识产权统计数据的逐步充实和案例研究资料的积累，植物品种权价值链利益分配问题的研究将得到进一步深入。

第二章　植物品种权价值链的理论体系

植物品种权价值链的理论体系是进行植物品种权价值链利益分配问题研究的起点。本部分概括、归纳植物品种权价值链的内涵与特征，剖析植物品种权价值链的构建原则及其结构模型，并对植物品种权价值链上成员间的合作关系及价值链运行机制进行重点分析，为以后各章节的深入研究做好铺垫。本章分析思路如图 2.1 所示。

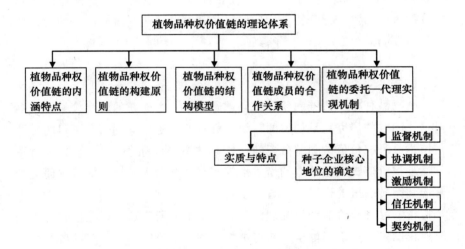

图 2.1　植物品种权价值链的理论体系研究框架

一　植物品种权价值链的内涵与特点

（一）植物品种权价值的内涵

植物新品种与植物育种等专业知识密切相连，不但具有生命的特点和自我复制的能力，而且由于植物的单个细胞具有发展成整个植株的能力，使得人们在把以无生命力的工业产品为客体建立起来的知识产权知识直接应用于植物新品种保护时遇到了困难。因此对植物新品种的保护，除美国使用专利和植物品种权两条制度体系外，其他国家大多采取了植物品种权形式。

到底何谓"植物品种权"（Plant Variety Rights，PVR）？植物新品种权（可简称"品种权"）是依法授予经过人工培育的或者对发现的野生植物加以开发，具有新颖性、特异性、一致性和稳定性，并有适当命名的植物新品种的所有人，以生产、销售和使用授权品种繁殖材料的专有权，"任何单位或者个人未经品种权人许可，不得为商业目的生产或者销售该授权品种的繁殖材料，不得为商业目的将该授权品种的繁殖材料重复使用于生产另一品种的繁殖材料；但是条例另有规定的除外"。[①]植物品种权不是与生俱来的，而是后天获得的；不是所有人都能获得的，只有那些具有培育植物新品种能力的人，为人类和社会培育出植物新品种后，依照法律程序才能够获得的一种特殊的权利。这种权利既具有财产属性，又具有精神属性。

由此可见，植物品种权作为一种资源，是一种由特定主体（品种权持有人）控制的、不具有独立实体而对生产经营长期持续发挥作用并具有获利能力的资产。品种权持有人在行使这种权利时能得到相应的物质报酬，不同的品种权使用人可能会发挥出极不相同的效用。由于植物品种权的特殊性，其价值也就具有与有形物品不同的特点。认清植物品种权的价值属性，是分析和研究植物品种权价值链的基础。

1. 同一种植物品种权，不同的使用者所实现的品种权价值是不同的

---

① 宋敏主编：《农业知识产权》，中国农业出版社 2010 年版。

植物品种权价值的基础是其效用和品种资源的稀缺性。[①] 首先，植物品种权效用的实现程度，一方面取决于植物新品种所固有的使用价值大小，另一方面也取决于品种权持有人利用它的能力和条件。因此，对同一种植物品种权，不同的使用者所实现的品种权价值是不相同的。其次，不同的品种权持有人对品种权的效用各有侧重。例如，由于农业科研院所和大学一般不具备实施品种权的能力，它们就会将品种权转让出去，因而品种权的合同价值就是它们追求的主要部分；中介机构追求的可能是品种权的权利效用；而种业企业可能更注重品种权的技术价值。

2. 植物品种权的效用实现过程是将品种权所包含的信息在物质载体（植物新品种）上进行转移的过程

植物品种权的效用是植物品种权资产的一种基本属性，无论人们是否利用它，其效用总是客观存在的。当植物品种权受让者利用了品种权所包含的信息时，这个过程实质上就是将其作用于自身思想和行动的过程。例如，育种方将某一新种子的品种权转让给种子企业，种子企业将该品种大量繁殖，通过一定的营销渠道销售给农户，提高了企业经营收益，扩大了市场占有率。品种权的使用价值虽然不是品种权本身，但其所包含的信息一旦被利用，价值必然会依附于一定的物质载体（植物新品种）。当其中的信息被利用以后，其使用价值虽然消失，但品种权受让者从中所获得的实际效用（显在状态）却发生了转移，转移到品种权受让者的消费行为和结果之中了。因此，品种权的效用在其被利用前后分别表现为潜在的和显在的两种状态，只有多个新的品种权持有人在使用它之后，种植农户才能获得现实的效用。

3. 植物品种权的价值可以被多次实现

由于植物品种权的非消耗性和共享性，它可以被多次出售、多次消费。在其法律生命周期内，它的价值可以被多次实现；同时，它的价值表现为一个点集，在品种权持有人和品种权受让者之间交换时，有多种形式。品种权持有人可能只是让渡其中的一个点或子集，也可能是全部集合；相应地，品种权受让者也只能得到该价值的一部分或全部。

---

① 阿尔文·托夫勒：《力量的转移》，新华出版社 1991 年版。

（二）植物品种权价值链的内涵

目前，学术界关于植物品种权价值链的研究还没有展开，相关领域学者的研究与植物品种权价值链都有着或多或少的联系，虽然研究角度不同，但他们的研究方法、研究思路等都可以予以借鉴。本书基于相关领域的理论基础，提出植物品种权价值链（Plant Variety Rights Value Chain，PVR-VC）的概念：它是以满足农户种植需求为目标，由核心成员引导，包含从最初种质资源的搜集、品种目标的构想、品种方案的设计、品种目标的实现、品种保护的完成，到品种的商品化、生产标准化、市场化开发，直到最终进行新品种消费的整个过程，由高等院校、农业科研院所、中介机构、种子企业、销售商和农户等相互独立、相互联系的成员链接成的集合体。为了直观起见，笔者用一个简单的线性模型来表现整个植物品种权价值链各节点间的链接（如图 2.2 所示）。

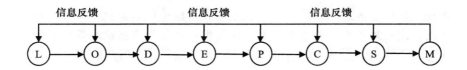

图 2.2　植物品种权价值链的线性链接模型

其中 L（Library）表示种质资源收集，O（Objective）表示品种目标构想，D（Design）表示品种方案设计，E（Enforcement）表示品种目标实现，P（Protection）表示品种保护，C（Commodity）表示品种商品化，S（Standard）表示品种生产标准化，M（Market）表示品种市场化。

这个概念需要注意以下几点：①植物品种权价值链的驱动力主要源自市场需求，以农户种植需求为导向；②价值链上组织成员的经营活动以品种权流转为中心，价值增值的过程也是围绕品种从孕育到成熟的生命周期而展开的，从这个意义上讲，植物品种权价值链是对传统价值链的扩展与深化，向前延伸到商品的孕育阶段（即未成形阶段）；③植物品种权价值链上必须有一个核心主体来管理链条上的价值增值活动，核心主体的创新能力对整个价值链起着决定性作用；④植物品种权价值链的实质是植物品种权，植物品种权价值链管理的目标是追求品种权的商品化与实现整体价值最大化；⑤贯穿整个植物品种权价值链的信息反馈是双向的，既反映了种植农户对新品种研发、品种方案的设定以及品种目标的反馈和刺激，也反映了市场信息源与育种技术信息源结合对植物品种权价值链系统运行的互动效应。

（三）植物品种权价值链的特点

植物品种权价值链的主要特点表现在网络系统性、链接节点的开放性与鲁棒性、链接多方向性、链接可间断性、集合了自然再生产和社会再生产双重因素五个方面。

1. 网络系统性

PVR-VC 是一个涉及多个子系统、多主体和多目标的系统网络，育种方（农业科研院所或高等院校）、种子企业、销售商、农户与政府、中介、金融等各种组织共同构成了该网络的行为主体，彼此相互作用，各种资源要素如信息、技术、资金等在育种技术扩散过程中流动、协同作用；国家种子立法、农业政策、作物生产系统和市场状况等外界环境都是对 PVR-VC 起重要作用的环境生态要素。这可以从两个方面来分析：

（1）PVR-VC 包括了育种方（农业科研院所或高等院校）、种子企业、销售商、种植农户四个最主要的行为主体，以及政府、中介机构、金融机构三个辅助支撑主体。（如图 2.3 所示）。图 2.3 中 A 代表育种方，B 代表种子企业，C 代表销售商，D 代表种植农户，E 代表政府，F 代表中介机构，G 代表金融机构。这七个主体相互关联、相互作用、相互协同，共同构成了 PVR-VC 的实体部分。

整个 PVR-VC 系统是开放的和动态的，一方面它受到市场机制和政府政策引导的双重作用，通过信息交流，不断反馈信息，进而促进自身的不断发展；另一方面又通过协同作用，产生具有竞争力的创新能力，促进种子产业的蓬勃发展，有力地支撑 PVR-VC 系统的进一步发展和壮大。

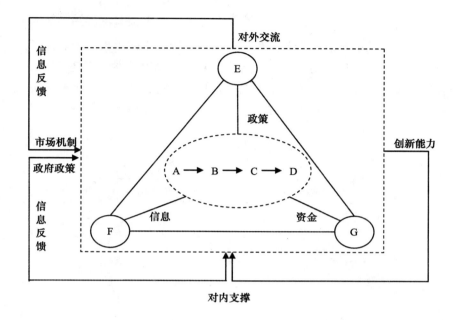

图 2.3　PVR-VC 的七个主体

（2）PVR-VC 包含四个子系统：品种转移（主要包括育种方和种子企业）和品种推广（主要包括种子企业、销售商和种植农户）两个核心子系统、中介和支撑服务子系统（主要由中介机构、金融机构以及政府相关部门所组成）和管理调控子系统（主要由政府相关部门所组成）。如图 2.4 所示，四个子系统通过各种的信息网络连接成一个相互作用的有机整体，并且四个子系统内部的各要素之间也是相互影响、相互联系的。

2. 链接节点的开放性与鲁棒性①

由 PVR-VC 的定义可知，价值链包含八个功能节点，这些节点是价值链中具有一定功能的链接点，是植物新品种经过一定发育过程而达到某一环节临界点的代表，具有不可替代性。需要指出的是，这八个功能

————————

① 鲁棒性是系统在面临内部结构和外部环境变化等不确定性干扰时，仍然能保持其系统功能的能力。链接节点的鲁棒性强调面对外界干扰时，各节点可通过彼此间的交互协调进行参数调整来保持整个价值链的性能水平。

节点与行为主体之间并不是一一对应的关系，可以由一个行为主体承担一个或数个功能节点的任务，也可以由多个行为主体承担一个功能节点的任务。也就是说，功能节点的层次划分并不是绝对的。随着 PVR-VC 整体环境的变化，节点内部也可以分化形成新的子节点，多个节点可以整合成一个节点，这是由其开放性与鲁棒性的特点所决定的。

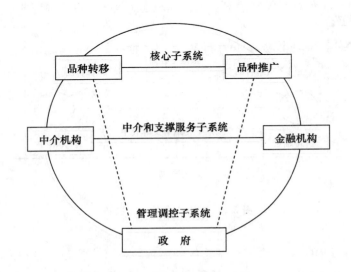

图 2.4　PVR-VC 的四个子系统

3. 链接多方向性

PVR-VC 的链接多方向性，是指其可以产生无限多样的链接组合和链接方式。同一品种设计方案可以研发出多种植物新品种。在 PVR-VC 的三环链接模式中，在种质资源的搜集 L 和品种市场化 M 之间还有六个功能节点，每一个功能节点都有发生 n 种变化的可能。若六个节点都产生 n 种变化，则源于同一起点的 PVR-VC 可能有 n^6 种组合。

PVR-VC 这一特点的根本原因在于整个链接过程的不确定性，尤其是育种创新活动的不确定性。育种创新活动的不确定性，使得育种创新活动的方向也就带有很强的不确定性。研发人员在育种过程中，可能会发现育种方案的设计不尽完善，最终品种目标无法取得，但却研发出另一性能的品种。如果后期市场运作成功，价值链是能够实现完整链接的。

4. 链接可间断性

在 PVR-VC 的链接模型中，从第一个节点 L 到最后一个节点 M 之间，若其中任何两个相邻节点之间不遵守基本链接规则，或者品种方案设计不完善，或者品种实验过程不成功，或者侵犯植物品种权，或者忽略若干育种技术管理细节，或者把未标准化、商品化的不成熟品种推向市场，这些因素最终都会导致 PVR-VC 无法实现完整、顺序链接，而是出现链接节点间的循环或断裂。链接节点间的循环是指八个功能节点中两个节点之间的反馈调整过程，前一个节点功能实现的不完善，使得价值链无法顺利运行到下一个节点，需要在彼此之间进行循环调整；循环频率越高，则调整量越大；功能节点之间链接越协调，循环节点越逼近目标功能。若 PVR-VC 进行到某一个链接点无法继续下去时，会发现这条链的中断可能更利于组织成员利益的最大化，价值链就断裂了。实际上，这种中断选择在很多情况下是必要的。

以 $L \to O \to D$ 为例，品种资源经过分析构思，被用于育种方案的设计，但在品种选育阶段失败，无法达到预期的育种目标，只好返回方案设计阶段重新设计可行的育种方案；但在重新设计育种方案，实现了育种成功后，却发现无法在品种推向市场后获得一定量的收益，PVR-VC也会中断。因为对链上的组织成员而言，已经没有利益驱动了。

目前，PVR-VC 的运行环境还有待完善，在育种技术创新管理不规范和行业管理不严格的条件下，价值链出现间断的情况频频发生。尤其是在 2000 年《种子法》实施后，由于大量不合格的中小型种子企业进入市场，种子行业管理混乱，科研育种机构作风浮躁，一些未经审定的品种被推向市场，或虽经审定，但由于技术孵化不成熟等原因而导致生产中种子质量问题大量发生。

5. 集合了自然再生产和社会再生产双重因素

PVR-VC 是将植物品种权和价值链管理思想相结合的产物，所以既有知识产权的特点，又有价值链的特点，是一种特殊形式的价值链模式，是传统价值链的扩展和深化。与一般价值链相比，PVR-VC 集合了自然再生产和社会再生产双重因素。

二　植物品种权价值链的构建原则

（一）体现品种权流转过程的完整性

技术扩散传统研究方式是把"组织中进行创新的最初阶段"和"组织中创新的完成"分开，然后分别从"采用决策"和"创新—决策过程"两个角度进行研究。[①] 虽然传统研究角度有利于通过定点聚焦，较好地深入剖析品种权整个生命周期不同阶段的活动特征，但是分离的视角却忽略了其连续性与一致性以及前后环节的互动影响。基于这种认识，PVR-VC 的构建应该强调其品种权所有环节的完整性，强调其参与主体的全面性。

在传统管理思想指导下，价值链中的各组织成员通常只追求自己的利益，彼此之间缺少有效的沟通和联系，而 PVR-VC 管理中不再孤立地看待各个成员，而是将育种者、种子企业、销售商、农户等方面的活动有机结合成为一个整体，寻求 PVR-VC 系统的优化途径。PVR-VC 是以品种权为核心的，种子企业是价值链上的核心企业，各成员之间存在着密不可分的相互联系，每个成员的价值活动都可能会影响整条价值链上的价值增值。彼此之间要求有较好的信息透明度，品种转让方与受让方之间应保持较好的沟通和联系，达到信息共享，使得价值链中的价值传递达到并行化、同步化，这是一条非线性、协同方式的价值链，而且系统实现的价值总效果高于单个环节效果的累积之和。

（二）保证品种权价值链形式的一般性

一般性是 PVR-VC 设计与构建的一个重要原则。如果价值链的设计复杂，节点数目繁多，这将增加协调的难度，交易费用将随之增高，难以实现灵活、快速地响应市场需求的目的。PVR-VC 应该是最为一般的品种权流转模式，在这一链条中涵盖了绝大部分品种权流转的运作模式。也就是说，PVR-VC 是一般模式的并集。虽然不同的环境或不同的

---

① 周欣：《基于转化链的科技成果转化障碍因素及对策研究》，2007 年天津财经大学硕士学位论文。

高等院校与种子企业之间、科研院所与企业之间并不都是完全遵循这一模式运作的，但是所有的模式应该都是由这个链条上的节点组合而成的。

（三）满足品种权价值链的动态性

PVR-VC 的设计与构建要满足其动态性原则。整个价值链系统是动态的，一方面价值链系统内部各个节点之间存在着资金、信息、价值、技术的流动；另一方面，系统与外界环境之间也有信息、资金、价值、技术的交换和流动，根据价值链系统自身的需要和系统外部环境适时地更新价值链要素。有的新成员加入到价值链中，有的成员因不符合需要而脱离价值链，使得各节点成员在价值链中表现出动态性。同时，价值链系统内的创新产品（新品种）也流向外界环境，同样，外界环境中的资金和信息也流向价值链系统内部。因此，动态性是价值链系统存在和发展的需要。

影响 PVR-VC 这种动态变化的因素有很多是不确定的，是随时间变化而变化的。如链上成员是通过技术流、信息流、资金流和价值流而连接起来的，它们之间的关系是不确定的，如果其中某一个成员发生了变化，可能会引起整个价值链结构的变动。种子产业面临的是一个需求不确定的市场，育种技术在不断发展，新品种不断更替，由于品种战略目标的改变和市场的不断变化，处于价值链节点上的组织成员可能会经常随时退出或进入。

三　植物品种权价值链的结构模型

本章图 2.2 用一个简单的线性模型来表现整个植物品种权价值链各节点间的链接，清楚地让我们了解了价值链上八个功能节点的链接关系。但是仅凭借这个简单的线性链接模型，无法直观地让我们了解 PVR-VC 中的行为主体，无法满足后续利益分配部分分析的需要。因此，为了更加全面地解释植物品种权价值链的结构模型，本节将详细介绍 PVR-VC 的四种模型。

（一）基于品种权流转的 PVR-VC 结构模型

植物新品种作为一种知识产品，其生产的目的就是交换，这一点和物质产品的生产是一样的，这就说明其与生俱来的商品属性。只有经过交换，其价值或效用才能达到最大化。但是，交易的实质不是品种本身的交换，而是品种所具有的品种权的交换。植物新品种具有经济上的价值，出于两点原因：一是品种产权客体是人们智力创造性劳动的产物，它们虽无外在的物质形态，但有着内在的价值；二是品种产权本身具有潜在的经济上的利用价值，即为品种权持有人在权利的实现过程中带来经济效益。因此，贯穿整个价值链系统的品种权流转是一个关键的问题，这里单独描述了 PVR-VC 的品种权流转模型（如图 2.5 所示）。产权的可交易性特征告诉我们：要使资源得到有效的利用，就必须实现产权的流转，即在流转中产生效益①。

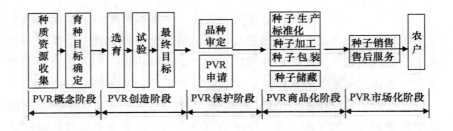

图 2.5　PVR-VC 的品种权流转模型

图 2.5 清楚地表明植物品种权在价值链组织内部的流转主要包括五个阶段，即 PVR 概念阶段、PVR 创造阶段、PVR 保护阶段、PVR 商品化阶段、PVR 市场化阶段。从价值创造的角度来说，整个品种权流转的过程反映了品种权价值不断增值的过程。

（1）在 PVR 概念阶段，形成的是新的思路、新的育种创新观点、新的育种概念价值，是后期育种实验的方向指引。它的质量直接反映了

---

① 万占有：《中国农业知识产权保护体系研究》，西北农林科技大学硕士学位论文，2003 年。

品种权最终价值的大小。一个好的新品种从一开始就必须有一个好的定位。

（2）PVR流转到创造阶段就进入了实质性阶段，这一阶段价值的增值主要体现在育种研发成功上。只要研发成功，能够实现最终育种目标，品种权才能继续流转下去；否则，就会停滞在创造阶段或者退回到概念阶段，重新确定研发方向。可以看到，在创造环节，育种者不仅需要运用自己的专业知识将构想转变为可行的科研项目，而且还需要了解市场，具有一定市场分析的商业技能，这样开发出来的项目才能够既在技术上具有领先优势，而且在实用性上具有社会接受的潜力。

（3）PVR保护阶段主要包括品种的审定和品种权的申请，这两个环节的先后顺序，按照现行制度规定，应该是先申请品种权再办理品种审定。因为一旦经过审定公告，该品种就成了已知品种不能再申请品种权了（但是在实际审查中，审查品种新颖性的标准是看是否已经销售，所以经过审定公告的品种被授予品种权的例子也很多）。

关于品种审定（Cultivar Assessment），《种子法》规定："主要农作物品种和主要林木品种在推广应用前应当通过国家级或者省级审定；应当审定的农作物品种未经审定通过的，不得发布广告，不得经营、推广。"品种审定是良种繁育（Seed Production）和推广的前提，只有品种审定合格的品种，经农业行政部门公告后，才可正式进行繁殖推广。农业部设立国家农作物品种审定委员会，负责国家级农作物品种审定；而省级农作物品种审定委员会负责省级农作物品种审定。品种审定委员会由科研、教学、生产、推广、管理、使用等方面的专业人员组成。品种审定一般要经过申请阶段、品种试验阶段、审定与公告阶段。[①]

农业部是农业植物新品种权的审批机关。只要列入植物新品种保护名录的、符合《植物新品种保护条例》规定的新颖性（Novelty）、特异性（Different）、一致性（Uniformity）和稳定性（Stability）及命名要求的，农业部就可以授予品种权。只有获得品种权，使其受法律保护，它才真正具有商品属性，这也是PVR-VC存在的基础。值得注意的是，品种权的申请人不一定是育种方，育种方可以在研发成功后，将品种权的

---

① 景士西主编：《园艺植物育种学总论》，中国农业出版社2007年版。

申请权转让出去，由受让方来申请品种权。

（4）在品种权商品化阶段，主要完成品种权形态的转化以及品种权价值的估值，即由品种权转化为商品及其定价，这是 PVR-VC 在组织内部创新上的最关键环节。品种权是唯一的，但品种权商品化后的产品——种子是大批量繁殖的，种子的定价决定了该品种权的边际收益，所繁殖种子的共同收益也应视为该品种权的价值。

（5）在品种权市场化阶段，种子经过分销渠道流向市场的最终消费者——种植农户手中，在农户需求得到满足的同时，种子企业和销售商也得到了回报。

（二）基于行为主体的 PVR-VC 的结构模型

PVR-VC 的一般简化模型如图 2.6 所示，可以清楚地看出在植物品种权价值链整个链条中，最初来源是种质资源库（育种繁殖材料），最终的目标是位于市场终端的客户（种植农户）。每一个新品种的研发及相应种子的生产都是服务于农户，最终满足农户种植需要的。从育种的繁殖材料到商品种子成品，经过从种质资源的搜集到汇集于种子市场客户的多级传递，并在传递过程中完成育种研发、品种权申请、种子加工、包装、贮藏等环节最终制成商品种子的物化过程。这个简化模型是一种概念上的静态模型，刻画的是植物品种权价值链的一个基本框架，对于形象地认识植物品种权价值链具有一定的价值，但对于深入研究还需要进一步刻画。

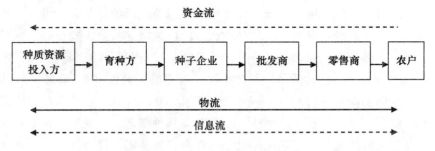

图 2.6　基于行为主体的 PVR-VC 结构模型

（三）PVR-VC 的网状结构模型

现实植物品种权价值链中，无论是作为育种方、种子企业还是销售商不可能仅有一家，而是有多家；而且彼此之间也不一定是一一对应的关系，而是多对一、一对多或多对多的关系，相互交错形成网状。不妨设 A_1，$A_2\cdots$，A_n 等 n 家育种方，有 B_1，$B_2\cdots$，B_k 等 k 家种子企业，有 C_1，$C_2\cdots$，C_m 等 m 家销售商。此时的 PVR-VC 就成为一个网状模型结构（如图 2.7 所示）。

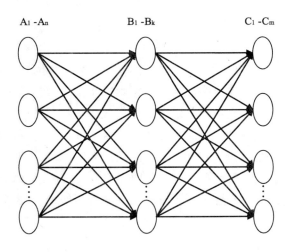

图 2.7　PVR-VC 价值链网状结构模型（Ⅰ）

图 2.7 所示的价值链网状结构模型，与实际世界中组织成员间的复杂经济关系较为接近。单从理论上讲，这一网状结构模型可能涵盖了所有品种权流转过程中的个体，彼此间或多或少地发生关系。这种关系有强有弱，而且强弱程度在不断发生变化。因此，价值链网状结构对 PVR-VC 组织成员间复杂关系的刻画是极为近似的，这对于 PVR-VC 的认识和宏观把握有较大的研究价值。

还需说明的一点是，植物品种权价值链的构建结构并不是唯一的和一成不变的，这里只是给出了一般性的原则和构建方法，实际建立时要根据具体情况灵活处理。

（四）PVR-VC 的抽象结构模型

PVR-VC 的抽象结构模型是把链上成员都抽象成一个个点，即节点，并用字母或数字加以标示。各节点以一定的方式和顺序联结成一个链条，构成一条概念上的 PVR-VC（如图 2.8 所示）。

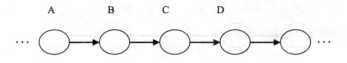

图 2.8   PVR-VC 结构模型 Ⅱ

从图 2.8 中可看出，PVR-VC 是一条有向链，其中品种权沿着一定的方向在各组织成员间流转。这里可以参照供应链层级的划分方法，按照模型中所包含的节点个数来定义链的层级。如果价值链中只包含种子企业，称为一层 PVR-VC；如果只包含育种方和种子企业或只包含种子企业和销售商两个节点，则可以称为二层 PVR-VC；如果包含育种方、种子企业和销售方，就可称为三层 PVR-VC。三层价值链如果向上或向下延伸，就成为四层价值链，依此类推。各种层级的 PVR-VC 在现实中是广泛存在的。

四   植物品种权价值链成员间的合作关系

（一）合作关系的实质

PVR-VC 合作关系（Partnership）可以定义为在 PVR-VC 上各成员之间，在一定时期内共享信息、共担风险、共同获利的一种协议关系。这种协议关系形成于价值链中具有特定目标和利益的成员之间。通常表现为核心成员在发现市场机遇之后，根据机遇的需求，主动向市场发出信号，并根据某种判断准则，选择合适的合作伙伴来构建价值链联盟，从而获得这种合作关系。价值链成员间的这种分工关系、相互管理会带来彼此间的信息不对称。正是市场信息的不对称形成了合作伙伴间典型的"委托—代理"（Principal-Agent）关系。

　　委托—代理关系实质上是居于信息劣势与处于信息优势的市场参加者之间的相互关系，交易中有信息优势的一方称为委托方，另一方称为代理方。[①] 实际上这种信息的优劣势是相对的。具体来说，委托方一般为掌握某种市场机遇的核心成员，其在发现市场机遇及实现机遇方面具有信息优势（这是它成为价值链核心成员的先决条件之一），但在价值链具体运营过程中，核心成员在合作伙伴所涉及的任务实现、执行过程等方面却处于信息劣势；代理方是指受委托方委托具体执行某任务的一方，没有市场信息优势但有实现与执行具体任务的信息优势。从价值链的角度，虽然每个成员都可能既是委托方又是代理方，但因为委托方的核心任务之一就是选择合作伙伴并构建价值链，所以委托方往往又固定为某一个成员。

（二）合作关系的特点

1. 成员间的关系是一种竞合关系

　　PVR-VC 成员间的合作关系，严格来说，是一种竞合关系。当前，随着全球种子产业竞争的加剧，种子品种的优势在市场竞争中的重要性越来越凸显，市场竞争不再局限于种子企业间的竞争而是表现为不同 PVR-VC 之间的竞争，来自外部竞争的压力促使个体成员通过合作来保持竞争优势。因此，PVR-VC 成员间既是合作关系，也是竞争关系。合作是因为每个成员都需要取长补短，以期共同获利；竞争是因为每个成员都试图追求自身利益最大化，将共享的资源用于谋取私利。在不同的 PVR-VC 之间，竞争多于合作；但在价值链内部，合作多于竞争。PVR-VC 中成员关系是以合作为主调，但仍然有竞争存在；彼此在互补领域中合作，在对立领域中竞争。具体表现为成员在创造价值的过程中合作，而在分割可分配利益的过程中竞争。

　　但是，PVR-VC 成员间的合作与竞争不是截然独立的，而是相互联系、相互影响的，即利益分配以价值创造为基础，反过来又影响下一轮价值创造。因此，在利益分配过程中，各成员并不能完全自由的竞争，过度竞争会极大地降低价值链的整体绩效；只有适度竞争才能提升价值

---

① 张维迎：《博弈论与信息经济学》，上海人民出版社 1996 年版，第 397—426 页。

链的合作质量。

2. 成员间的委托—代理是多任务委托—代理

传统企业间的委托—代理是以产品价格和质量为评价依据的，但随着竞争环境的变化，委托方对代理人的评价和报酬标准不再局限于产品价格和质量。委托方开始关注服务、技术创新、成本等多个方面。于是，代理人需要在有限的时间资源和经济资源的约束下，对多任务目标作出抉择。在 PVR-VC 中，育种方和分销商会以种子企业的评价和报酬标准作为它们决定任务的依据。如果种子企业在任务设定上单一，就会导致代理人行为有所偏离。例如，如果种子企业把种子销售量作为最重要的评价依据，则分销商将会在售后服务等方面缺乏积极性；如果种子企业把品种质量作为重要评价依据，则育种方会对研发成本等方面缺乏关注。因此，PVR-VC 成员间的委托—代理是多任务的，这一点在契约设计上要多加考虑。

3. 成员间委托—代理问题是多阶段动态模型

PVR-VC 成员间的合作强调一种长期、稳定的关系，这与传统意义上的委托—代理关系不同。一般而言，委托人和代理人之间的关系是暂时性的，双方会采取多种手段实现自己的期望效用最大化，这样彼此间的逆向选择和败德行为较为普遍。但在 PVR-VC 上，成员之间需要长期合作，因逆向选择和败德行为所获得的短期利益虽然可观，但从长期来看是不可取的，维系长期合作关系所带来的收益的贴现值会远远大于短期利益。因此，PVR-VC 成员间的委托—代理是多阶段的、动态的。

（三）种子企业核心地位的确定

学术界普遍认同，供应链是由一个主导企业充当企业群体的"原子核"（即核心成员），把其他"卫星"企业吸引在核心成员周围所构成的一个网链（如图 2.9 所示）。[①] 根迪斯和鲍德利（Gindis & Baudry, 2005）研究发现，网络组织成员间存在着一个核心成员，引导着其他网络成员的行为并影响网络组织的运行效率。马士华（2000）指出，

---

① Harland, C., "Supply Chain Operational Performance Roles," *Integrated Manufacturing System*, 1997, 8 (2): 70-78.

供应链运作的好坏以及整个供应链竞争力的大小，在很大程度上取决于供应链上核心企业的影响力。本书认为，PVR-VC 上也有一个成员处于核心地位，扮演核心成员的角色。在信息共享的情况下，通过重复博弈实现与其他节点成员的长期合作。在 PVR-VC 的组建过程中，总有一个发起者（可以是种子企业、育种方或销售商）会成为价值链的核心。也就是说，PVR-VC 是围绕某一核心成员而建立起来的（这也是后面章节中讨论 PVR-VC 利益分配问题的基础）。这一结构有利于组织成员间达成合作协议，降低交易费用，提高价值链的运行效率。核心成员在价值链运作中扮演着重要角色，对价值链成员形成长期战略关系有着重要影响。

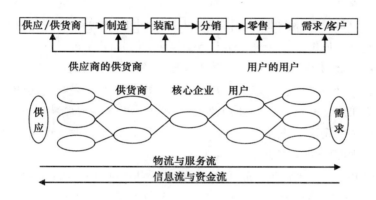

图 2.9 核心成员在供应链上的位置概念模型

那么，在 PVR-VC 中，究竟谁会扮演核心成员的角色呢？PVR-VC 为了适应市场需求的变化，应对同类竞争者的虎视眈眈，突破价值链资源瓶颈，迫在眉睫的需要就是提高自身的核心竞争力。于是，PVR-VC 中最具独特优势的种子企业脱颖而出，成为 PVR-VC 的核心成员，也就成为价值链发展的必然选择。核心成员位置的确定是很多内外因素综合作用的结果。

1. 种子企业的市场驾驭力

核心成员一般是价值链的发起者、组织者，应具有一种吸引其他成员加盟的力量，能使其他成员相信加盟对自己是有利可图的，这样才能使价值链构建起来，并不断发展和延伸。非核心成员则会根据自己对期望利益的判断做一个决策：如果整个价值链预期效益良好，有利于自身发展，它们就愿意加盟；反之，就会选择其他价值链，将自己有限的资源投入到更能获利的价值链中。因此，核心成员一个最重要的特点就是对其他成员的影响力或吸引力。在 PVR-VC 中，种子公司符合这一特点，其保证基础就是种子公司对新品种市场化的驾驭能力，如获得核心资源、拥有品牌、占有市场份额等。因此，种子企业的市场驾驭力是其成为 PVR-VC 核心成员的一个原因。

2. 种子企业对价值链最终产品的贡献率

核心成员有权选择合作伙伴，在利益分配上也有极大的主动权，因此核心成员是价值链的最大获利者。相应地，核心成员对价值链最终产品的利润贡献率也是极大的，否则，其核心成员的地位会受到其他成员的质疑，价值链就无法稳定运行，直至断裂。也就是说，虽然某一成员掌握着关键的核心技术，如果对价值链最终产品的利润贡献率低，也不可能成为价值链的核心成员。PVR-VC 中的育种方恰恰就是这样，所以它无法成为核心成员；而分销商仅掌控销售渠道，没有涉及核心资源。因此，种子企业的贡献率是其成为 PVR-VC 核心成员的一个原因。

3. 种子企业的协调能力

PVR-VC 是由非产权统一的成员基于市场机遇而组建起来的，"搭便车"现象、败德行为和信息不对称等不利因素的存在，使得价值链在运营过程中存在着极大的风险，严重时将导致价值链运作失败。因此，如何协调管理各链上成员，充分利用彼此之间的博弈关系，提高合作效率，使合作能发挥 "1 + 1 > 2" 的效果就成为核心成员必须具备的素质和职责之一。与育种方和分销商相比，种子企业能更好地承担这一任务。因此，种子企业的协调能力是其成为 PVR-VC 核心成员的一个原因。

4. 价值链信息传递的需要

种子企业是 PVR-VC 的信息交换中心。种植农户的需求信息通过不同层次和不同渠道的分销商传递到种子企业，经过其处理后，再把分解后的需求信息发送给品种研发者。新品种研发完成后，再依相反方向从育种方将信息反馈给种子企业，经其处理后再传递到分销商。就这样，种子企业就成了 PVR-VC 的信息交换中心。价值链的运作效果在很大程度上依赖于链上的信息交换质量，因此，要想通过信息共享达到物流畅通、品种权增值的目的，就必须提高价值链上的信息传递质量。在这方面，种子企业起着至关重要的作用。

综上所述，基于种子企业的市场驾驭力、对价值链最终产品的贡献率、协调能力以及价值链信息传递的需要等因素，本书判断 PVR-VC 的核心成员是种子企业。

五　植物品种权价值链的委托—代理实现机制

基于上节提出的植物品种权价值链成员间关系的实质是委托—代理关系，参照陈志祥、马士华（2001）提出的供应链企业委托—代理实现机制，本节提出植物品种权价值链的委托—代理实现机制（如图 2.10 所示）。图 2.10 中九大机制各自发挥作用，相互联系、相互促进、相互补充，共同形成完整的委托—代理实现机制体系。其中，契约和利益分配机制是关键，激励和监督机制是保障，协调和信任机制是基础。本书将对 PVR-VC 的利益分配机制进行较深入的研究。为此，下面对契约机制、激励机制、监督机制、协调机制和信任机制进行简要分析。

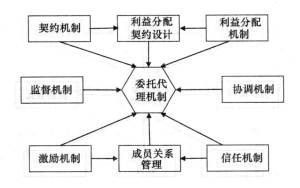

图 2.10　植物品种权价值链的运行机制关系

（一）监督机制

PVR-VC 的监督机制就是对价值链构建及运行过程中的每一个环节进行监督，以防止"偷懒"、"搭便车"（Free-Rider）等各种败德行为的发生。价值链为链上成员提供了一个双赢或多赢的机会，但合作成员间的负面影响也不容小觑。每个成员加入价值链的最根本目的是获得更多的收益。因此每个成员都会从自身利益出发，寻求自身利益最大化，甚至会利用自身的信息优势，采取一些违背价值链整体利益或者其他成员利益的行为，或者不采取核心成员或其他节点成员所希望的行为，从而出现"偷懒"现象和"搭便车"现象。"搭便车"是指某些人或某些经济组织，不付出任何代价，从他人处或社会获得收益的经济现象。"偷懒"现象是信息不对称条件下出现的道德风险和逆向选择问题。

依据激励理论，道德风险问题可以通过引入监督机制来进行纠正。阿尔钦和德姆塞斯（Alchain & Demsetz，1972）指出，委托人的职责就在于监视。虽然这些监督措施不能提供关于成员行为的充分信息，但可以让委托人了解更多的有关代理人的信息，在此基础上所作出的推断将影响代理人的收益，从而减少合作风险成本，有效防止代理人的机会主义行为。从图 2.11 中可见监督机制对成员的影响。

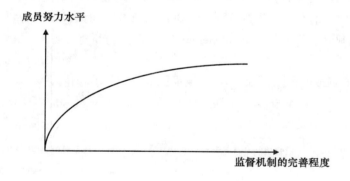

图 2.11   成员努力水平与监督机制的关系

（二）协调机制

完整的 PVR-VC 是一个跨越组织边界的育种方、种子企业、销售方等价值链中不同成员所有相关作业的一系列组合，其中所有的价值增值活动都可作为价值链的组成部分。价值链的范畴从种子企业向前延伸到了品种供应方（即育种方），向后延伸到了销售方和农户，这也形成了价值链中的作业之间、成员内部各部门之间、种子企业和农户以及种子企业和销售商之间的各种关联，使价值链中作业之间、核心成员内部部门之间、核心成员与节点成员之间以及节点成员之间存在着相互依赖关系，进而影响价值链的整体绩效。因此，协调、管理和控制价值链中节点成员之间的相互依赖关系，提高价值链中各节点成员的作业效率和绩效非常重要。[1] 汤普森（Thompson，1967）还认为，价值链中作业之间的依赖程度越高，就越需要协调和管理价值链中节点企业之间的关系。协调价值链中各节点间的关系，就是要在各方相互信任的基础上，利用共享的有关信息，对整个价值链中相互依赖的作业进行定位、协调和优化，使处在价值链上的各节点具有共同的价值取向，取得最大的价值增值，从而实现多赢的目的。

PVR-VC 的协调机制是指在 PVR-VC 运行过程中，为确保价值链整体利益最大化目标的全面达成而建立的所有手段、方法和方式。价值链联盟将原来分散的个体链接起来，尽管彼此的目标不一致，但只要合作成功，价值链联盟给成员带来的利益将大于其不合作时的利益，那么彼此间就有了协调的基础。协调价值链中节点成员之间关系的核心问题之一在于使价值链中各节点之间能够协同运作。而如何管理和控制彼此间的技术、信息、资金往来等问题就成为协调的关键。

（三）激励机制

为了克服道德风险和逆向选择所带来的危害，委托—代理模式普遍发展形成了以合作和分担风险概念为中心的信息激励机制理论。[2] 如果将核心成员看作是价值链的委托方，将各节点成员看作是代理方。对于委托人来说，只有使代理人行动效用最大化，才能使其自身利益最大化。然而，要使代理人采取效用最大化行动，必须对代理人的工作进行有效的激励。因此，委托人与代理人，即育种方与种子企业或种子企业与销售商之间的利益协调关系就转化为激励机制（Enthusiasm Mechanism）的设计问题。从理论上讲，一个好的激励机制应具有激励兼容

---

[1]　Thompson, J, D., *Organizations in Action*（New York：McGraw-Hill, 1967）.

[2]　马丽娟：《供应链企业间的委托代理理论及道德风险的防范》，《商业研究》2003 年第 9 期。

（Incentive-Compatible），或者说自动实施（Self-enforcing）特点。[①] 也就是说，即使在没有外在控制力的作用下，代理人仍然愿意依照委托人的意愿行事，原因在于它们觉得这样能够符合自己的利益最大化。

（四）信任机制

信任（Trust）被认为是合作的基础性建构。[②] 梅耶、戴维斯和斯库尔曼（1995）认为，信任是指在一方有能力监控或控制另一方的情况时，宁愿放弃这种能力而使自己处于弱点暴露，利益有可能受到对方损害的状态。[③] 相互信任既是价值链成员间互利互惠的需要，更是价值链稳定运行必不可少的行为路径和治理机制。一般地，在 PVR-VC 发展初期，价值链成员关系可能会更多地依赖于契约；而随着成员关系的发展，PVR-VC 成员间的信任度不断增加，成熟、良性的价值链成员关系应当更多地建立在信任基础之上（如图 2.12 所示）。朴德尼和佩奇（Podoly & Page，1998）研究发现，网络组织中信任机制的构建依赖于非正式关系或朋友性的人际关系。

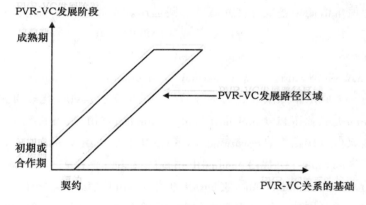

图 2.12　　PVR-VC 的发展与关系基础之间的关系示意图

---

① 杨治宇、马士华：《供应链企业间的委托代理问题研究》，《计算机集成制造系统》2001 年第 1 期。

② 高美静、郭劲光：《企业网络中的信任机制及信任差异性分析》，《南开管理评论》2004 年第 3 期。

③ 张侨、郭宏湘：《基于信任的供应链治理机制研究》，《重庆交通学院学报》（社科版）2004 年第 4 期。

　　整个 PVR-VC 是靠成员间共同利益所产生的凝聚力暂时维系在一起的，是一种动态联盟。价值链打破了传统的企业边界，使每个成员在关注内部协调效率的同时必须关注外部协调效率。而事实是外部协调和外部治理的重要性远远大于内部协调。张侨等（2004）认为只有构建成员间的信任机制，才能保证合作者之间的有效协调。

（五）契约机制

　　从法律上说，契约是指两人或多人之间为在相互间设定合法义务而达成的具有法律强制力的协议。[①] 现代经济学中的契约概念，实际上是将所有的市场交易（无论是长期的还是短期的，显性的还是隐性的）都看作是一种契约关系，并将此作为经济分析的基本要素。[②] PVR-VC 这种组织形式作为现代市场经济的产物，育种方、种子企业、销售商等组织成员之间的关系主要是依靠一级级契约来维系的。可以说，PVR-VC 的契约机制既是价值链组织成员间博弈的约束，又是成员间博弈的结果。一方面，彼此之间签订的书面契约通过调整利益分配方式、监督激励方式、违约惩罚方式等对组织成员的策略空间进行一定的约束，引导个体成员朝价值链总体利益最大化的方向努力，防止各种投机、败德行为的出现；另一方面，契约的内容反映了组织成员间讨价还价力量的对比，是各方博弈的结果。需要注意的是，绝对完备的契约是不存在的。[③] 因为契约将各成员之间的权利、责任和任务分配，通过合同的形式确定下来，而合同的内容不可能包括整个价值链过程中所出现的所有问题。

---

① David M. , *Walker. The Oxford Companion to Law*（Oxford University Press，1980）.

② 科斯·哈特、斯蒂格利茨等：《契约经济学》，经济科学出版社 2003 年版，第 3 页。

③ 张维迎：《所有制、治理结构及委托代理关系》，朱光华、段文斌：《企业的本质、治理结构和国有企业改革——现代企业理论研究论文集》，南开大学出版社 1998 年版。

六　本章小结

本章在文献查阅、相关理论借鉴和专家访谈的基础上，在概述植物品种权价值链的内涵与特点、构建原则的基础上，重点分析了植物品种权价值链的结构模型、成员间的合作关系及其委托—代理机制。本章阐述的主要内容如下：

（1）植物品种权价值链的结构模型依据划分标准的不同而划分为基于品种权流转的结构模型、基于行为主体的结构模型、网状结构模型和抽象结构模型。

（2）植物品种权价值链成员间的合作关系实质上是委托—代理关系。种子企业凭借其市场驾驭力、对价值链最终产品的贡献率、协调能力以及价值链信息传递的需要等优势，占据了 PVR-VC 核心成员的位置，扮演着委托方的角色；而其他成员则扮演着代理方的角色。

（3）植物品种权价值链的运行机制是委托—代理实现机制。其中，契约和利益分配机制是关键，激励和监督机制是保障，协调和信任机制是基础。

第三章　植物品种权价值链利益分配机制与契约分析

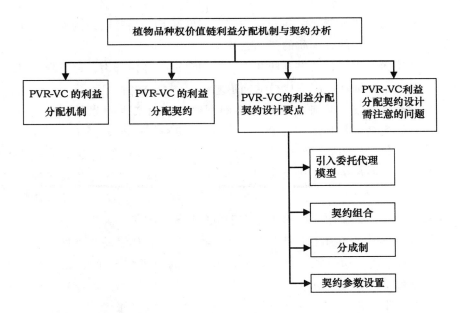

图 3.1　植物品种权价值链利益分配机制与契约分析研究框架

可分配利益、利益分配原则、利益分配契约是研究植物品种权价值链利益分配问题必不可少的三个重要环节。可分配利益与利益分配原则是植物品种权价值链利益分配的重要基础，利益分配契约是植物品种权价值链利益分配有效运行的重要保障。可分配利益、利益分配原则、利益分配契约三方面优势的集成是植物品种权价值链利益分配的根本目的与要求。只有设计形成适当的利益分配契约，才能发挥品种权价值链的优势，促进链上成员间的合作，实现资源优化配置。本部分重点分析了在设计植物品种权价值链利益契约时应注意的设计要点及存在的问题。本章研究框架如图3.1所示。

一 植物品种权价值链的利益分配机制

"机制"一词源于希腊文"mechame"，是指机器运转过程中各个零部件之间相互联系、互为因果的联结方式及运转方式。机制是系统为维持其潜在功能并使之成为特定的显现功能，而以一定的规则规范系统内部各子系统或各要素之间相互作用、相互联系、相互制约的形式和运动原理以及内在的、本质的工作方式。

从博弈论来看，在重复博弈中，人们会选择合作行为，追求集体理性而避免个体理性。组织成员共同追求价值链整体利益最大化，各组织成员都有机会获得比独自运作更多的利益，从而实现帕累托改进。亚当·布兰登勃格和拜瑞·内勒巴夫（Adam Brandenburger & Barry Nale-buff，1996）基于博弈论原理，提出了"合作创造价值，竞争分配利益"观点。李维安（2003）认为，网络组织中协作利益的多寡客观地决定着协作的深度与广度，由于合作成员的经济实力有差异，从经济权力关系上看，企业间的作用往往并非完全对等。但是，如果利益分配不均，合作者的投入与其所得不能匹配，就会挫伤合作者的积极性，甚至会人为地割断已有的经济联系，加剧成员间的经济摩擦和封锁。因此，利益分配是否公平将直接关系到网络组织的经营成败与发展前景。许多合作最终不欢而散，就是因为相互争权夺利所致。张青山等（2001）认为，动态联盟的建立与其利益分配体系的确定是同时的。杨农（2004）认为，网络成员间关系的最终结果就是通过竞争而分配利益。可见，利益分配机制对网络组织来说十分关键。由上章论述内容可知，PVR-VC也是具有网络系统性的组织。因此，如何协调双边或多边的经济利益关系，在合作者之间合理分割系统整体利益，成为PVR-VC不可回避的关键问题。

（一）可分配利益的内容

种子企业参与价值链的目的是可以在最短的时间内选择最好的联盟伙伴，将品种权尽快转化成商品种子以实现品种的市场化，打开市场，从而实现自身利益的最大化。育种方则是借助于种子企业的资金和市场，利用自己的先进技术实现科技成果的产业化，与企业共同分享利益成果。销售方凭借自己的营销渠道优势，赚取价格差价来获得自己的利益。PVR-VC 在实现个体成员利益的同时，也实现了社会的利益；但它强调整体利益的最大化，因此对单个成员而言可能并不是最大化利益，有时会要求个别成员牺牲一些既得的利益，以保证集体利益和长远利益。

本书将 PVR-VC 的可分配利益界定为育种方、种子企业和分销商在 PVR-VC 运行期间所共同创造的利益，不仅包括销售利润等有形价值，也包括协同合作所产生的无形资产（无形价值）。这些收益从可获得性和可量化性来看可分为有形和无形。有形利益是指价值链成员能直接获得的，并且可量化的利益。有形利益是组织成员参与价值链联盟的内在动力和追求的目标，它的多少体现了价值链的运行效率和绩效。相对于有形利益，无形利益是指那些难以量化、不能用货币直接来衡量、在短时间内难以实现的利益，主要是指 PVR-VC 所产生的无形资产。无形利益会导致有形利益的增加，也就是说，无形利益最终会转化为有形利益。

1. 有形利益

（1）销售利润：销售利润是种子的销售收入减去各种成本后的净收益，这一部分是 PVR-VC 利益分配的主要内容，主要以货币形式在成员间分配。

（2）产品和服务的收益：产品和服务的收益主要是指 PVR-VC 联盟成员合作创造出来的，尚未进入营销渠道的收益，如未彻底研发成功的品种、新育种技术、处于代售状态的种子以及配套产品、技术服务等。这些产品、技术服务或半成品具有一定的应用价值和经济价值，因此也是可分配利益的一部分。

（3）品种权转让或许可收益：特指品种权持有人将品种权转让或

特许使用而获得的收益。如 2011 年 2 月，云南省农科院粮作所选育的
粳稻香软米新品种"云粳 29 号"以 150 万的价格转让给云南德丰种业
公司。① 2011 年 12 月，湖北荃银高科以 280 万元的价格，向其控股子
公司荃银高科种业转让杂交水稻品种"新两优 223"的品种权和全国市
场独占开发权。② 2011 年，四川自然资源研究院、双流县科技发展促进
中心、双流县永安红提葡萄协会将联合选育的"蜀葡 1 号"葡萄新品
种通过有限许可的方式，获得品种权许可使用费 18 万元。③

2. 无形利益

（1）技术成果：育种方在育种，种子企业在繁种，分销商在销种
过程中，可能会产生一些新技术成果，如育种技术诀窍、生产秘密、技
术发明、专利和卓越的种子销售管理经验。这些技术成果在没有向其他
组织转让时，就按所有者的无形资产计算，因而也是可分配利益的一
部分。

（2）商誉、品牌和商标：通过价值链成员的协同努力，使新品种
的质量和售后服务得到种植农户的好评，从而树立了良好的商誉，其销
售率和市场占有率随之提高，进而使价值链联盟获得高额利益；而且知
名品牌的形成无疑需要投入大量的时间、金钱和精力。因此，商誉、品
牌和商标也是无形资产的一部分，因其稀缺性和特异性而成为一种珍贵
的战略资源，成为企业竞争力优势的重要来源。

（3）顾客忠诚度：种植农户对农作物品种的忠诚度高低对整个
PVR-VC 赢利能力大小有着重要影响。顾客忠诚（Customer Loyalty,
CL）强调顾客偏好较高的重复购买行为，④ 拥有顾客高忠诚度的 PVR-
VC 对竞争对手而言存在着较高的进入壁垒；而且竞争对手为了争取市
场份额，必然要投入大量的人力、物力和资金，这是一个延续的过程并
且伴随着特殊风险，这往往会使竞争对手望而却步或败下阵来。

---

① 《高原粳稻选育结硕果"云粳 29 号"首次转让品种权》，[EB/OL]，2011—2—16，
新华网（http：//news. cntv. cn/20110216/107905. shtml）。

② 《荃银高科 280 万转让水稻品种独占开发权》，[EB/OL]，2011—12—19，证券时报
网（http：//www. cs. com. cn/ssgs/04/201112/t20111219_ 3175833. html）。

③ 《葡萄新品种权有限许可取得收益》，[EB/OL]，2011—12—6，国家知识产权局网
（http：//www. sipo. gov. cn/dfzz/sichuan/xwdt/bmlf/201112/t20111206_ 635141. htm）。

④ 顾莉：《顾客忠诚与企业赢利能力研究》，《江苏商论》2009 年第 6 期。

（4）社会形象：整个价值链联盟良好的社会形象，会赢得政府、团体、社会的支持和理解，有利于成员的持续发展。而且良好的社会形象往往要通过庞大的广告和促销费用来实现，所以也是一种颇具价值的无形资产。

（5）学习和经验：每个成员都在价值链协作过程中不断学习和提高，相互学习，交流经验；尤其在面临不断变化的市场环境情况下，不想被淘汰，就必须不断提高各自的创新能力和竞争力。这些在未来都会转变为直接的商业机会和经济利益。

确定了 PVR-VC 中可分配利益的范围后，就需要对各项利益的价值作进一步确定。其中，无形利益的价值比较难确定，需要通过协商和评估等多种方式来进行。本书研究的重心在"如何分配"上，因此不涉及"可分配利益具体是多少"的问题。

（二）植物品种权价值链利益分配机制的含义

利益分配机制本质上是价值链联盟内部剩余索取权的安排，是建立在任务分配和成本分担基础上的。因为价值链各节点成员往往有着各自的优化目标和私有信息，并且这些个体目标难以同整个价值链系统的整体目标相一致，所以，必须建立有效的利益分配机制，使价值链各成员利益共享、风险共担，从而提高价值链系统的整体绩效。本章所说的 PVR-VC 组织成员的利益分配机制，是指维系价值链组织成员（包括育种方、种子企业、分销商、种植农户等）之间的合作关系，实现信息共享、利润分享、风险共担，多方共赢，提升整个价值链竞争力，各成员及影响所获利润的主要因素之间相互联系、相互作用、相互制约的形式即内在的运行方式。这里为了简化模型而不考虑种植农户的利益关系。米德（Meade，1997）提出合理的利益分配机制是动态联盟成功运行的关键，是合作各方绩效得以发挥的重要保证。因此，能否形成合理的利益分配机制，是决定植物品种权价值链是否稳定甚至成败的关键条件。

（三）植物品种权价值链利益分配机制的原则

PVR-VC 建立在育种方、种子企业、销售方等合作成员共同的利益基础之上，价值链要得到健康发展，需要平衡各成员方所贡献的资源与从价值链中所得到的利益。在实际运行中，各成员方参与价值链联盟的首要目的就是能够从中获得更多的收益，因此 PVR-VC 的利益分配应尽量使各成员最后的实际分配结果与预期利益相互一致，保证公平合理。为了保证 PVR-VC 利益分配的公平、合理性，必须树立正确的利益分配原则。PVR-VC 利益分配的总原则为"风险共担、利益共享"。

1. 个体理性与集体理性一致原则

S. 黄（Whang, S., 1995）指出：局部（或个体）理性将导致全局（或整体）效率低下。[①] 价值链各合作方的相关决策行为符合经济理性的法则，即"经济理性人"法则，各合作方总是采取对自己最为有利的策略，即个体理性优先。公平、合理的分配要求处理好成员追求自身个体理性与实现价值链联盟集体理性之间的关系。个体理性原则是指，对于每个成员而言应该保证联盟后的利润至少等于不参加联盟时的利润，即它的机会成本。用数学符号表示就是：

$$\pi_i \geq \pi_{i0}, i = 1, 2 \cdots n$$

其中 π_i 是成员 i 的利润，π_{i0} 是成员 i 的机会成本。

集体理性原则是指，在 PVR-VC 联盟过程中，要保证每个成员都能从价值链中获取相应的利润，否则将会损害其积极性，甚至导致价值链的失败或解体。因此，所有 PVR-VC 成员利润之和应该等于价值链总利润 $\pi(N)$。用数学符号表示就是：

$$\sum_{i \in N} \pi_i = \pi(N), \prod(\pi_1, \pi_2 \cdots \pi_n) \in R^n$$

其中 $N = \{1, 2 \cdots n\}$ 代表 PVR-VC 的 n 个成员；$\prod(\pi_1, \pi_2 \cdots \pi_n) \in R^n$ 表示价值链利润在 n 个成员中的一种分配。

综合上述，给定 PVR-VC 联盟 (N, ρ)，满足以上两式的 n 维向量 $\prod$ 称为 PVR-VC 的一种分配。所有可行的分配记为 $S(\pi)$，则

$$S(\pi) = \{\prod(\pi_1, \pi_2 \cdots \pi_n) \in R^n \mid \pi_i \geq \pi_{i0}, \sum_{i \in N} \pi_i = \pi(N),$$
$$i = 1, 2 \cdots n\}$$

---

① Whang, S., "Coordination in Operations: A Taxonomy," *Journal of Operations Management*, 1995 (12): 413— 422.

2. 投入与收益一致原则

投入与收益成正比是投资的一般规则。资源投入量除了有形资产外，还包括人力资源、管理经验、知识产权等无形资产的投入。在进行利益分配时应该对价值链成员的投入进行科学的评估，更好地激励成员为联盟贡献优势资源，并以此作为利益分配的依据。

PVR-VC 成员的收益应与其投入的资源成正比。设 PVR-VC 联盟的总利润为 π，成员 i 的投入为 c_i，其收益为 π_i，则有：

$$\frac{\pi_1}{c_1} = \frac{\pi_2}{c_2} = \cdots = \frac{\pi_n}{c_n}，\quad 即\ \pi_i = \left(\frac{c_i}{\sum\limits_{j=1}^{n} c_j}\right)\pi$$

3. 风险分担原则

PVR-VC 在运行过程中伴随着许多不确定性因素和潜在风险，因此在设计利益分配契约时，需要考虑成员所获得的利益与承担风险之间的关系，只有这样，才能保证各成员承担风险任务的积极性。

PVR-VC 成员 i 分配到的利润 π_i 应与其承担的风险 R_i 成正比，则

$$\frac{\pi_1}{R_1} = \frac{\pi_2}{R_2} = \cdots = \frac{\pi_n}{R_n}，\quad 即\ \pi_i = \left(\frac{R_i}{\sum\limits_{j=1}^{n} R_j}\right)\pi$$

4. 核心成员的主导性原则

种子公司作为核心成员，对 PVR-VC 的构成、合作伙伴的选择、合作利润的分配等有着绝对的支配权，承担着利益分配契约初始设计的任务。郑文军（2001）认为，应当在委托—代理框架下研究动态联盟的利润分配机制，联盟的盟主（即掌握核心技术和最先抓住市场机遇的成员）充当委托人设计利润分配合约。

二 植物品种权价值链利益分配契约

PVR-VC 联盟往往涉及多个参与方，且各方的目标并不完全相同，很难通过彼此协商解决利益分配问题，这就需要一套有效的方案或合约来约束成员间的关系。本书借鉴供应链研究领域中广泛使用的"契约"一词，在 PVR-VC 的研究中引入"利益分配契约"。契约是用来说明签约各方的权利和义务，实际上是彼此间合作关系的治理机制。通过设计

利益分配契约对各节点成员提供激励，使他们的决策更有利于 PVR-VC 整体绩效的最优化。霍坎松（Hakanson，1993）和默瑞斯克（Morasch，1995）指出，应尽量完善研发合作契约条款以约束各方行为。帕斯特和桑多尼斯（Pastor & Sandonis，2002）指出，有效的制度安排有助于消除合作达成后的道德风险，并且基安路卡罗（Giannoccaro，2004）基于利润分享合同的供应链协调机制提出了一个联盟契约模型。

（一）利益分配契约的含义

从目前的研究进展来看，利益分配机制的目的就是基于委托—代理理论框架体系，采用博弈论中的数学手段和方法，研究如何建立 PVR-VC 利益分配契约，在本质上其试图通过设计契约来协调委托人和代理人之间的关系，以达到协调的目的。

PVR-VC 的利益分配契约也可称为"利益分配合同"或"利益分配协议"，是指通过提供合适的信息共享和激励措施来保证 PVR-VC 上成员之间的利益协调，优化价值链绩效的有关协议。利益分配契约可以使 PVR-VC 达到很好的协调效果；即使不够完美，也可能存在帕累托最优解，以保证每一方的利益至少不比原来差。

（二）利益分配契约的特点

PVR-VC 的利益分配契约主要具有两个特点：一是事前契约和事后契约的互补性；二是契约内容的不完备性。

1. 事前和事后契约的互补性

从现有文献基础来看，有的学者运用博弈论中纳什（Nash）讨价还价模型来分析联盟内部的利益分配，把联盟的利益分配看成是一个多人纳什谈判过程，其最优的分配结果就必须满足纳什谈判解。也有学者从博弈论角度出发，单纯以 Shapley 值法或先以纳什谈判均衡解为主，再结合 Shapley 值的方法，试图使得利益分配体现公平与效率兼顾的原则。但是，这些观点仅考虑事后产生收益时如何公平、有效地分配，而没有考虑事前的激励机制，其分配过于理想化、简单化；而且没有考虑到价值链中存在核心成员，彼此之间的地位是不一样的。严格来说，事前和事后的利益分配方案不可统一而论，两者之间是相互补充的关系；

整个 PVR-VC 的可分配利益通过事前约束、事后调节的方式在各成员间完成分配。

PVR-VC 利益分配契约以价值链任务是否完成为分界点，划分为事前契约和事后契约。其中，事前契约是指在价值链任务完成前对未来合作收益进行合理预期，并设计出公平合理的利益分配方案；事后契约是指在 PVR-VC 联盟任务完成后，将实际实现的一部分不可转移收益或事前没有预料到的收益在成员间进行公平合理分配的方案。本书侧重于事前利益分配契约的安排。

2. 契约内容的不完备性

一般认为，正式契约是不完备的，而 PVR-VC 利益分配契约的不完备性更加突出。首先，无法确切保证品种研发过程中所需要的资源数量，因为研发的成功具有不确定性并且研发没有固定的资源消耗系数和流程。其次，即使能够确定育种研发成功所需的资源投入量，也难以精确地事先约定各自应承担的比例，而且也无法精确计算各方在这个过程中的贡献度。再次，事先无法确切地描述清楚新品种的价值，因为研发结果具有不确定性并且市场反应度也不确定。库尔蒂和塔克洛（Kultti & Takalo，2000）认为，正式契约的不完备性可能导致合作研发项目中的敲诈行为（Hold-up Problems）。申哈尔和德维尔（Shenhar & Dvir，2007）根据研发项目所需级数的特征，将项目分为四种类型（如表 3.1 所示）。显然，大部分育种方的研发活动属于类型 C 和 D，往往具有较高的不确定性和风险。所以，成员各方签订的利益分配契约（正式契约）通常是不完备的。

在利益分配契约不完备的前提下，双方都会选择相应的策略来力图降低自己所承担的不确定风险。从理论上说，从育种方的角度来看，混合支付契约（混合支付模式）会降低自己所承担的不确定性，为取得一定价值的创新成果提供充足的资金保证。但是，从种子企业的角度来看，混合支付模式可能不利于促使育种方降低研发成本，从而导致较低的资金使用效率；而固定支付契约有利于促使育种方节约研发成本。不过，当项目不确定性很高时，会引起成本节约与保证研发品种价值之间的冲突，有可能导致品种研发失败或品种价值较低的结果。当然，双方可以凭借自己的讨价还价能力争取有利于自身的契约类型。不过，双方一般都希望项目能够成功，所以，在给定不确定性的前提下，双方都愿意采取能够提高项目成功率的契约类型。

表 3.1   研发项目类型与不确定性描述

项目类型	不确定性级别	不确定性描述
类型 A	低级	创新仅依赖于现存的、可以被所有企业轻易获取的基础技术
类型 B	中级	创新主要依赖于现存基础技术，但还需要使用一些新技术
类型 C	高级	创新所需的大部分技术在项目开始之前虽已经被研制出来，但尚未被使用过。即该项目是第一次应用这些技术
类型 D	超高级	创新基于新技术，但这些技术不都是现存的，其中一些正在研制，另一些可能还不知道，需要在项目进行过程中开发

三   植物品种权价值链利益分配契约的设计要点

在 PVR-VC 各成员合作过程中，稍纵即逝的市场机会促使核心成员必须事先设计出一套利益分配方案，以便各成员在合作过程中作出决策。而核心成员设计契约的依据，是它所接收的信息及对未来的预期，这个过程不可简单地将其概括为多人谈判问题，实际上是存在不完全信息情况下委托—代理模型（Principal-Agent Model）所要讨论的问题。事前契约是整个 PVR-VC 利益分配契约的重要部分，是契约设计的重点，其作用是实现对链上成员的约束及激励。相比而言，事后契约的设计较为简单，但基于其事后调节作用，又是不可或缺的一部分。

本节重点介绍事前契约的设计要点。委托—代理理论的前提是信息不对称，而信息不对称会刺激成员间的利益分配不公现象。那么如何改善信息不对称所导致的利益分配不公呢？本书认为，除了基于委托—代理理论的思路设计契约外，在具体设计时，还应考虑契约组合、分成制、契约参数设置等问题。

（一）引入委托—代理模型

利益分配契约的不完备性，使得契约需要精心的设计。本书在 PVR-VC 利益分配契约的设计中引入委托—代理理论。委托—代理理论的中心任务就是在利益相冲突和信息不对称的情况下，委托人如何设计最优契约以激励代理人。[①] 在 PVR-VC 中，核心成员——种子企业占主导地位，一般由它来对整个价值链进行协调、组织和控制。由于整个价值链之间不存在完善的组织结构和严格的行政隶属关系，种子企业只能以强调成员彼此间的合作和签订契约来实施管理职能，约束和激励育种方和分销商的行为。种子企业在设计利益分配契约时，必须充分考虑育种方、分销商的利益，需要满足两个条件——参与约束（IR）和激励相容约束（IC）。参与约束即个人理性约束，是指参与者加入价值链、接受契约后所获得的利益应不少于不加入价值链时的最大期望效用。只有满足了参与约束，价值链才能稳定运行。激励相容约束是指参与者以委托人希望的努力状态工作时所得到的期望效用不少于它选择其他行为可能获得的最大期望效用。

（二）契约组合

PVR-VC 上的成员通过建立契约关系来协调彼此间的利益分配，即利益分配契约。不同类型的利益分配契约面临着不同类型的风险，契约的设计必须能够抵御这种风险。在供应链管理领域，学者们普遍认同契约组合管理思想，即采用不同契约类型的组合可以有效降低价值链运行风险。巴恩斯—舒斯特尔（Barnes-Schuster，2002）考虑了一个两阶段的供应链契约，包括第一阶段的 push 契约和第二阶段的 option 契约。基安路卡罗和蓬特兰多尔菲（Giannoccaro & Pontrandolfo，2004）在研究三级供应链时，分两个阶段（分销商与制造商、分销商与零售商）实行收益共享契约。他们认为，这种双层共享契约结构可以更有效地实现整个供应链的最优均衡。刘斌等（2005）针对一类短生命周期产品

---

① Janusz, B., "Model-based Process Redesign." *Journal of Intelligent Manufacturing*, 1997 (8)：345–356.

单周期两阶段的销售实践，设计了一种联合契约来协调整个供应链系统。

那么，在 PVR-VC 利益分配契约设计的时候，是选择一个统一的利益分配契约，还是选择两阶段契约组合呢？向育种方和分销商提供统一的利益分配契约，是为了简化委托人（种子企业）的工作程序，代理人（育种方和分销商）得到同样程度的激励；而分别向育种方和分销商提供不同的契约，则是希望实现更好的激励效果。下面尝试用建模来进行博弈分析，并判断这两种利益分配契约中哪种更加有效。

假设 1：i 表示 PVR-VC 中核心成员（种子企业）的合作伙伴，$i = 1,2$。其中，1 代表向种子企业转让品种权的育种方，2 代表负责种子销售的分销商。

假设 2：种子企业风险中性，即种子企业的期望效用等于期望利润；育种方和分销商都属于风险规避，则育种方和分销商的期望效用中应扣除风险成本。

假设 3：Y 表示植物品种权价值链中种子企业所获得的收入，为研究方便，将种子企业总收入函数简化为线性：$I = Y + \eta$，其中 $\eta \sim N(0, \delta^2)$，代表影响种子企业收入的各种外生、不确定性因素。$Y = \sum_{i=1}^{2} k_i e_i$，其中 e_i 表示成员 i 的工作努力水平，k_i 表示成员 i 努力工作创利时的重要性系数。

假设 4：育种方和分销商的风险成本为 $\frac{1}{2} r \beta_i^2 \delta^2$，其中 r 是风险规避度量（$r \geqslant 0$）。这里为了讨论的方便，设育种方和分销商的风险规避度量相等。

假设 5：种子企业对育种方和分销商的激励依靠支付方式来调节和体现，S_1 是育种方所获得的收入，S_2 是分销商所获得的收入，考虑线性合同：

$$S_i = \alpha_i + \beta_i Y_i = \alpha_i + \beta_i k_i e_i$$

假设 6：将育种方和分销商的生产成本函数简化为 $\frac{1}{2} e_i^2$。

假设 7：育种方和分销商不接受合作时，能得到的最大期望效用分

别为 $\bar{u}_1$，$\bar{u}_2$，也可以解释为它们的机会成本。

由假设 2 可知，种子企业的期望效用可表示为：

$$EU = Y - (\alpha_1 + \beta_1 Y_1) - (\alpha_2 + \beta_2 Y_2) =$$

$$\sum_{i=1}^{2} k_i e_i - (\alpha_1 + \beta_1 k_1 e_1) - (\alpha_2 + \beta_2 k_2 e_2)$$

育种方和分销商的期望利润是期望收入减去生产成本和风险成本，且该期望利润等于其确定性等价效用，可表示为：

$$CE_i = \alpha_i + \beta_i k_i e_i - \frac{1}{2}e_i^2 - \frac{1}{2}r\beta_i^2\delta^2$$

在这个不完全信息模型中，个人理性约束（IR）可表示为：

$$\alpha_i + \beta_i k_i e_i - \frac{1}{2}e_i^2 - \frac{1}{2}r\beta_i^2\delta^2 \geq \bar{u}_i，i = 1,2$$

激励相容约束（IC），就是满足合作伙伴的最大化效用，令 $\frac{\partial CE_i}{\partial e_i} = 0$，则

$$e_i = k_i\beta_i，i = 1,2$$

依据上述一系列假设条件和合作伙伴的两个约束条件，可以建立 PVR-VC 简化利益分配契约模型如下：

$$\max_{\alpha_i,\beta_i}\left[\sum_{i=1}^{2} k_i e_i - \sum_{i=1}^{2}(\alpha_i + \beta_i k_i e_i)\right]$$

$$s.t.\ (IR)\ \alpha_i + \beta_i k_i e_i - \frac{1}{2}e_i^2 - \frac{1}{2}r\beta_i^2\delta^2 \geq \bar{u}_i$$

$$(IC)\ e_i = k_i\beta_i$$

下面我们将根据上述模型框架，分别讨论两种情况下的利益分配契约。

1. 提供统一利益分配契约的设计

向育种方和分销商提供统一利益分配契约是为了简化委托人（种子企业）的工作程序，不同的合作伙伴得到了同样的激励。设统一契约为（α_0,β_0），此时，种子企业面临的问题是：

$$\max_{\alpha_0,\beta_0}\left[\sum_{i=1}^{2} k_i e_i - \sum_{i=1}^{2}(\alpha_0 + \beta_0 k_i e_i)\right] \tag{3—1}$$

$$s.t.\ (IR)\ \alpha_0 + \beta_0 k_i e_i - \frac{1}{2}e_i^2 - \frac{1}{2}r\beta_0^2\delta^2 \geq \bar{u}_i \tag{3—2}$$

$$(IC)\ e_i = k_i\beta_0 \tag{3—3}$$

将式（3—3）代入式（3—1）可得：

$$\max_{\alpha_0,\beta_0}\left[(k_1^2\beta_0+k_2^2\beta_0)-(\alpha_0+k_1^2\beta_0{}^2)-(\alpha_0+k_2^2\beta_0{}^2)\right] \quad (3—4)$$

将式（3—3）代入式（3—2）可得：

$$\alpha_0+\frac{1}{2}k_i^2\beta_0{}^2-\frac{1}{2}r\beta_0{}^2\delta^2\geqslant\bar{u}_i \quad (3—5)$$

由式（3—4）和式（3—5）构建拉格朗日函数如下：

$$L(\alpha_0,\beta_0)=\left[(k_1^2\beta_0+k_2^2\beta_0)-(\alpha_0+k_1^2\beta_0{}^2)-(\alpha_0+k_2^2\beta_0{}^2)\right]+\left[\lambda_1(\alpha_0\right.$$

$$+\frac{1}{2}k_1^2\beta_0{}^2-\frac{1}{2}r\beta_0{}^2\delta^2-\bar{u}_1)+\lambda_2(\alpha_0+\frac{1}{2}k_2^2\beta_0{}^2-\frac{1}{2}r\beta_0{}^2\delta^2-\bar{u}_2)\left.\right]$$

求解该拉格朗日函数，建立偏导数方程组，求解：

$$\beta_0{}^2=\frac{2(\bar{u}_1-\bar{u}_2)}{k_1^2-k_2^2} \quad (3—6)$$

$$\beta_0=\sqrt{\frac{2(\bar{u}_1-\bar{u}_2)}{k_1^2-k_2^2}} \quad (3—7)$$

$$\lambda_2=\frac{(k_1^2+k_2^2)\sqrt{\dfrac{k_1^2-k_2^2}{2(\bar{u}_1-\bar{u}_2)}}-2k_2^2}{k_1^2-k_2^2} \quad (3—8)$$

$$\lambda_1=\frac{k_1^2+k_2^2-(k_1^2+k_2^2)\sqrt{\dfrac{k_1^2-k_2^2}{2(\bar{u}_1-\bar{u}_2)}}}{k_1^2-k_2^2} \quad (3—9)$$

利用式（3—6）到式（3—9），可求得：

$$\alpha_0=\bar{u}_1-\frac{(k_1^2+r\delta^2)(\bar{u}_1-\bar{u}_2)}{k_1^2-k_2^2} \quad (3—10)$$

至此，统一契约（α_0,β_0）设计出来，对应在该统一契约下种子企业、育种方、分销商的期望效用分别为：

$$EU=(k_1^2+k_2^2)\sqrt{\frac{k_1^2-k_2^2}{2(\bar{u}_1-\bar{u}_2)}}+\frac{(r\delta^2-k_2^2)(\bar{u}_1-\bar{u}_2)}{k_1^2-k_2^2}-2\bar{u}_1$$

$$CE_1=\bar{u}_1-\frac{2r\delta^2(\bar{u}_1-\bar{u}_2)}{k_1^2-k_2^2}$$

$$CE_2=\bar{u}_2-\frac{2r\delta^2(\bar{u}_1-\bar{u}_2)}{k_1^2-k_2^2}$$

2. 提供不同利益分配契约的设计

为了使合作伙伴更好地发挥其效用，种子企业可以向不同的合作伙伴提供不同的利益分配契约，让合作伙伴根据自己的实际成本来选择最优契约，设种子企业给育种方和分销商提供的契约分别是（α_1, β_1），（α_2, β_2）。此时，在构建的模型中要增加一个参与约束条件，即（$\alpha_1 + \frac{1}{2}k_1^2\beta_1{}^2 - \frac{1}{2}r\beta_1{}^2\delta^2$）-（$\alpha_2 + \frac{1}{2}k_2^2\beta_2{}^2 - \frac{1}{2}r\beta_2{}^2\delta^2$）> 0。

此时，种子企业所面临的问题是：

$$\max_{\alpha_i,\beta_i}\Big[\sum_{i=1}^{2}k_ie_i - \sum_{i=1}^{2}(\alpha_i + \beta_ik_ie_i)\Big] \qquad (3\text{—}11)$$

$$s.t.(IR)\ \alpha_i + \beta_ik_ie_i - \frac{1}{2}e_i{}^2 - \frac{1}{2}r\beta_i{}^2\delta^2 \geqslant \bar{u}_i \qquad (3\text{—}12)$$

$$(\alpha_1 + e_1k_1\beta_1 - \frac{1}{2}e_1{}^2 - \frac{1}{2}r\beta_1{}^2\delta^2) > (\alpha_2 + e_2k_2\beta_2 - \frac{1}{2}e_2{}^2 -$$

$$\frac{1}{2}r\beta_2{}^2\delta^2) \qquad (3\text{—}13)$$

$$(IC)\ e_i = k_i\beta_i \qquad (3\text{—}14)$$

将式（3—14）代入式（3—11），可得：

$$\max_{\alpha_i,\beta_i}\big[(k_1^2\beta_1 + k_2^2\beta_2) - (\alpha_1 + k_1^2\beta_1{}^2) - (\alpha_2 + k_2^2\beta_2{}^2)\big]$$

将式（3—14）代入式（3—12），可得：

$$\alpha_i + \frac{1}{2}k_i^2\beta_i{}^2 - \frac{1}{2}r\beta_i{}^2\delta^2 \geqslant \bar{u}_i$$

将式（3—14）代入式（3—13），可得：

$$(\alpha_1 + \frac{1}{2}k_1^2\beta_1{}^2 - \frac{1}{2}r\beta_1{}^2\delta^2) > (\alpha_2 + \frac{1}{2}k_2^2\beta_2{}^2 - \frac{1}{2}r\beta_2{}^2\delta^2)$$

由上各式构建拉格朗日函数如下：

$$L(\alpha_1,\beta_1,\alpha_2,\beta_2) = \big[(k_1^2\beta_1 + k_2^2\beta_2) - (\alpha_1 + k_1^2\beta_1{}^2) - (\alpha_2 + k_2^2\beta_2{}^2)\big]$$

$$+ \lambda_1(\alpha_1 + \frac{1}{2}k_1^2\beta_1{}^2 - \frac{1}{2}r\beta_1{}^2\delta^2 - \bar{u}_1) + \lambda_2(\alpha_2 + \frac{1}{2}k_2^2\beta_2{}^2 - \frac{1}{2}r\beta_2{}^2\delta^2 - \bar{u}_2)\big]$$

$$+ w\big[(\alpha_1 + \frac{1}{2}k_1^2\beta_1{}^2 - \frac{1}{2}r\beta_1{}^2\delta^2) - (\alpha_2 + \frac{1}{2}k_2^2\beta_2{}^2 - \frac{1}{2}r\beta_2{}^2\delta^2)\big]$$

求解该拉格朗日函数，建立偏导数方程组，求解得：

$$\beta_1 = \frac{k_1^2}{k_1^2 + r\delta^2}, \beta_2 = \frac{k_2^2}{k_2^2 + r\delta^2}$$

$$\alpha_1 = \bar{u}_1 + \frac{k_1^4(r\delta^2 - k_1^2)}{2(k_1^2 + r\delta^2)^2}, \alpha_2 = \bar{u}_2 + \frac{k_2^4(r\delta^2 - k_2^2)}{2(k_2^2 + r\delta^2)^2}$$

利用 $\alpha_1, \beta_1, \alpha_2, \beta_2$，分别求出种子企业、育种方和分销商的期望效用，分别是：

$$EU' = \frac{k_1^4}{2(k_1^2 + r\delta^2)} + \frac{k_2^4}{2(k_2^2 + r\delta^2)} - (\bar{u}_1 + \bar{u}_2)$$

$$CE_1' = \bar{u}_1$$

$$CE_2' = \bar{u}_2$$

由式（3—6）可知，$\frac{2(\bar{u}_1 - \bar{u}_2)}{k_1^2 - k_2^2} > 0$，说明 k_1，k_2 之间的大小与 u_1，u_2 之间保持着一致性，则 $CE_1' > CE_1$，$CE_2' > CE_2$。这起码可以说明在设计不同利益分配契约下，育种方和分销商所获得的期望效用是增加的。

（三）分成制

在供应链领域，学者们关于收益分配契约的设计主要分为价格转移和分成制两种方式，其中又以分成制为主。与分成制相比，价格转移的劣势在于：一方面，价格转移方式的激励效果差；[1] 另一方面，价格转移方式往往很难应付事后出现的不确定情况。[2] 分成制不仅在成员间分享产出，也分担了与产出相联系的风险。因此，本书在设计 PVR-VC 利益分配契约时，也实用分成制。分成制是在信息不对称情况下的一种比较有效的激励机制，是指委托人和代理人按照一定的比例从总收益中获取各自的收益，代理人所得收益可简单表示为：

$$S(X) = a \times F(X) + z$$

其中 a 表示分配比例（$0 < a < 1$），z 表示代理人的固定收入，$S(X)$ 表示代理人所得收益，$F(X)$ 表示总收益。委托人与代理人之间分

① Laffont, J. J., Rochet, R., "Regulation of a Risk-Averse Firm," *Econometrica*, 1999, 67: 741－782.

② Mezzeti, C., Tsoulouhas, T., "Gathering Information before Signing a Contract with a Privately Informed Principle," *Supply Chain Management* (North-Holland, 2003).

成制的决策流程图如图 3.2 所示。

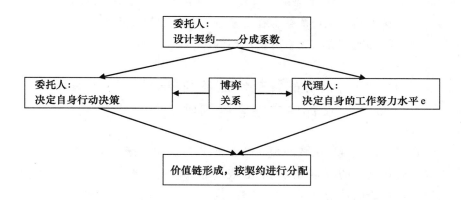

图 3.2　委托人与代理人之间实行分成制的决策流程图

（四）契约参数设置

在 PVR-VC 成员间利益分配契约给定的前提下，利益分配可以被看作是以种子企业为领导者的 LF （Leader-Follower Game） 博弈问题。实际上，契约下的博弈问题，其主要目标已不再是博弈均衡本身，而是考量契约参数设置的问题，[①] 以使均衡策略更接近甚至等于整个 PVR-VC 的最优解。契约模型能够具体体现契约参数的协调机理和不同参数之间的相互关系。在供应链领域，供应链契约往往是以产品价格 （批发价、零售价）、订货量、提前期等与供应链上成员协商相关的契约参数为决策变量。格察克和王 （Gerchak & Wang，2000） 研究了 "收益贡献率" 和 "剩余补贴" 这两个参数在收益共享契约下的调整情况。基安路卡罗和蓬特兰多尔菲 （Giannoccaro & Pontrandolfo，2004） 通过设定收益共享契约参数，来达到提升供应链成员的收益以及供应链整体绩效的目的。普劳斯和乔汗 （Proth & chauhan，2005） 分析了收益共享契约下不同风险承担者的利润分配情况，建立了基于收益共享契约的制销 （制造商—销售商） 模型。

---

① 赵晗萍等：《供应链博弈问题综述》，《北京航空航天大学学报》（社会科学版）2005年第 4 期。

　　归纳起来，本书从博弈的角度探讨了 PVR-VC 的利益分配契约设计问题：引用委托—代理理论，应用 LF 博弈方法研究成员间的博弈过程，从而找出其博弈均衡解；在此基础上分析如何设置契约参数，以设计出成员间都能接受该利益分配的契约。

四　植物品种权价值链利益分配契约设计中应注意的问题

　　首先，价值链中的核心成员应当将监督机制和激励机制结合起来，以保证合作伙伴的行为始终与核心成员的意愿相一致。在信息不对称的情况下，核心成员应当建立一种惩罚机制，如果合作伙伴有败德等行为，应当给予严厉的惩罚。合作的承诺和惩罚的威胁将更加有利于合作伙伴关系的维系并保证利益分配契约的顺利执行。

　　其次，基于委托—代理理论的思路来设计 PVR-VC 的利益分配契约实质上是通过精心设计契约的形式来尽量统一参与者的个人利益与整个价值链的集体利益。如图 3.3 所示，只要个人利益与集体利益的夹角 α 小于 90°，追求个人利益最大化总会对集体利益产生积极效果；如果 α 大于 90°，则个人利益与集体利益之间是冲突的。从非核心成员的角度看，它在无法获得个人利益时会选择脱离该价值链；但是从核心成员的角度分析，为了整个价值链的集体利益，短期内核心成员需要暂时放弃个人利益。此时，核心成员应当注意自身行为，不为短期利益而侵犯其他合作成员的利益，尽量在价值链中保持合作动机的透明度；并尽可能诚实地将合作前景告知合作伙伴以诱使它们关注长期利益，这样才能在价值链中建立长期稳定的信任机制。

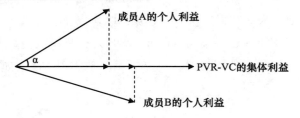

图 3.3　成员个人利益与 PVR-VC 集体利益示意

最后，在委托—代理理论中有一个假设条件——设定委托人对产出没有贡献，即委托人在交易中，并不干涉代理人的具体行动，委托人仅仅提供激励。但在 PVR-VC 中，可以看到种子企业并不是严格意义上的"旁观者"，需要适当地给予育种方或分销商技术、资金或管理上的帮助。总的来说，目前委托—代理理论在实际应用中还存在一定的欠缺，主要原因是其模型假设很强且抽象；在很多情况下，它仅是一种解释性的模型，要用它来解决成员间利益分配中的实际问题，还有很多问题需要研究。

五　本章小结

本章在概述植物品种权价值链利益分配机制及利益分配契约的基础上，重点分析了可分配利益的范围、利益分配契约的关键要素及利益分配契约中应当注意的问题，得出如下结论：

（1）植物品种权价值链上的可分配利益是育种方、种子企业和分销商在 PVR-VC 运行期间所共同创造的利益，不仅包括销售利润等有形价值，也包括协同合作所产生的无形资产（无形价值）。

（2）整个 PVR-VC 的可分配利益通过事前约束、事后调节的方式在各成员间完成分配。在事前约束阶段，利益分配契约中应当引入委托—代理模型。此外，还应考虑契约组合、分成制、契约参数设置等问题。

第四章　影响植物品种权价值链利益分配契约因素的实证分析

　　植物品种权价值链的利益分配机制往往以契约的形式表现，而实际上，利益分配契约设计的过程就是利益分配模型构建的过程。从已有的研究基础来看，学术界关于契约设计的研究集中于供应链领域。价格、交货提前期、订货数量是与供需双方有关的决策变量，因此在供应链契约设计时往往将这些变量设计在模型中。本书试图将供应链契约设计的研究思路应用于 PVR-VC 利益分配契约设计之中。模型的构建思路可以借鉴，但模型变量的选取需要结合 PVR-VC 自身的特点。究竟选取哪些变量呢？本章首先从理论分析入手，提出成员的工作努力水平、讨

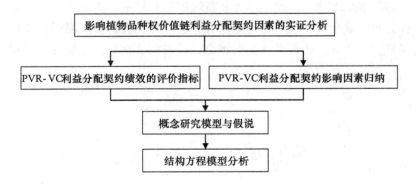

图 4.1　影响植物品种权价值链利益分配契约因素的实证分析研究框架

价还价能力、对价值链的投入与贡献、研发利益分配模式、销售返利模式等利益分配契约的影响因素；然后借鉴结构方程模型，通过构建"PVR-VC 影响因素—利益分配契约绩效"的概念模型，设置调查问卷，

检验实际情况与理论分析是否一致。如果是一致的，这些因素就会成为 PVR-VC 利益分配契约模型的参数设置在契约模型中。如果不一致，就需要将不合适的因素剔除出来，选择合适的因素设置为契约参数。

一 植物品种权价值链利益分配契约绩效的评价指标

利益分配契约设计是否合理直接关系到 PVR-VC 的绩效发挥。为了提高 PVR-VC 的运行效率，以及为建立后的价值链利益分配契约提供借鉴，有必要对利益分配契约的绩效进行实证分析，判断哪些因素会影响 PVR-VC 利益分配契约的有效性以及这些因素的影响程度，并据此改进利益分配契约方案，从而提高合作成员间的满意度。利益分配契约绩效的评定不是追求价值链整体收益最大，而是考虑利益分配契约实际效果的最佳。大量已有研究活动表明，价值链利益分配契约绩效的评价存在一定的复杂性。

现在学术界还没有关于价值链利益分配契约绩效的分析，学者们较多关注供应链绩效和动态联盟绩效领域，本书需要在已有的相关研究基础之上，选取 PVR-VC 利益分配契约绩效的评价指标。比蒙（Beamon，1999）认为，供应链绩效评价指标的选择既要有定量又要有定性，其中定量包括柔性、顾客满意度、信息流与物流整合度、有效风险管理和供应商绩效，定性包括成本和顾客响应。赵忠华（2003）设计了虚拟企业利益分配有效评价指标体系的一级指标，分别是信任程度、创新能力与柔性、和谐度、竞争力、各伙伴参与虚拟企业的积极性以及增强各伙伴企业运营能力的程度。高峰（2004）指出，敏捷虚拟企业利益分配的有效性评价指标包括敏捷性、柔性、信任度、效率、竞争力和增强企业运营能力程度六个。姜方桃等（2006）将供应链整体绩效的一级评价指标设定为顾客价值、供应链价值、发展能力和潜力。綦方中等（2005）指出动态联盟的整体绩效评价可以从响应时间、柔性、客户满意水平、合作关系、创新能力、运营成本等几个方面考察。张坚（2006）从财务指标和非财务指标两个方面评价技术联盟绩效，其中财务指标包括盈利指标和成本指标，非财务指标包括资源投入、竞争能力、风险管理和社会效益。叶飞等（2009）用顾客满意度、成本、经济效益、产品质量、降低风险度和适应能力六个因素构建了动态联盟绩效评价指标体系。

结合上述研究思路以及 PVR-VC 利益分配契约自身的特点，本书将利益分配契约绩效的评价指标设定为价值链经济效益、契约适应力和成员合作关系三个。成员合作关系是成员满意水平、信任程度的一种体现；契约适应力也映射了契约的柔性、灵活性；价值链经济效益包含了运营成本、风险控制等方面。笔者认为，这三个指标是对众多指标的提炼、融合。

（一）价值链经济效益

价值链经济效益不仅包含节点成员的经济效益，而且包含节点成员之间的合作效益、协调效益，即价值链系统效益。PVR-VC 经济效益是育种方、种子企业和分销商之间合作与竞争的结果，来源于共同经营、共担风险的管理，是成员个体效益和价值链整体效益的统一。无论是个体效益，还是整体效益，它们的共同特性都来源于市场需求。市场需求的不断变化，对价值链管理提出了越来越高的要求，但需求的根本因素还是种子产品质量、服务、种子价格、时间等。因此，PVR-VC 的经济效益类型包括：①规模效益，即市场份额的不断扩大，销售收入的不断增加；②品种效益，即种子品种的不断改进和增加，为市场提供所需要的种子；③成本效益，即成本的不断降低，为市场提供物美价廉的产品；④种子质量效益，即种子产品和服务的不断改进，产生声誉和品牌效应。当然，在这些基础效益的类型上，可以派生出许多其他类型。

不可否认，价值链的经济效益是利益分配契约存在的最终目标。合适、有效的利益分配契约理应增加价值链的经济效益。

（二）契约适应力

竞争环境和市场需求的变化，使得 PVR-VC 利益分配契约必须能对不确定性增加的环境作出反应，这种在特定原则下的环境应变能力就是利益分配契约的适应力。这种适应力实际上是一种主要体现在契约中的柔性协调机制，契约的形式和内容都具有一定的灵活性，提供了许多根据竞争环境和市场需求变化而定的灵活性选择条款，主要体现在契约参数设置、模型选取、不同契约模型组合以及契约激励机制设计等的灵活、多样性方面。李应等（2007）指出，基于柔性的协调机制是因应需求的变化和波动，在供应链的上下游之间所采用的利益共享和风险分担机制。

（三）成员合作关系

成员合作关系是成员满意度的一种体现。正是因为成员满意度高，彼此才有合作的积极性，成员之间才能互相信任，合作关系才能长久维持。合作关系对利益分配契约的影响可以从交易成本理论和资源观理论进行解释。交易成本理论认为，合作关系是建立在相互信任基础上的，具有契约性，从而可以降低链上成员间的交易成本，提高交易成功的可能性。资源观理论认为，合作成员之间存在资源互补的物质基础，任何一方都不可能具有所有类型的资源优势，特别是某些异质性资源已经固化成为某一成员组织内部的无形资源，无法通过正常的市场交易获取，这更需要彼此间建立长期稳固的合作关系，来实现资源的共享与互补。马士华（2002）指出，供应链企业间合作关系的密切程度与其所带来的价值增值呈正相关关系。王玉燕等（2007）研究证明了闭环供应链内部成员的合作程度越高，通过渠道获得的利润就越大。因此，如何提高价值链成员间合作关系的质量对于利益分配契约绩效的提升至关重要。

二　植物品种权价值链利益分配契约影响因素的选择

价值链是一个由若干成员动态组成的系统，依据系统论的观点，系统的输出是系统要素、系统运行过程要素与外部环境共同作用的产物。因此，PVR-VC 的利益分配契约也会受到节点成员自身素质、节点成员间相互作用和外部环境的共同影响。本书在所构建的结构方程模型中不再设置外生潜在变量"环境因素"。一般而言，虽然外部环境的可控性不强，对其进行定量研究非常复杂，忽略它往往会使得研究结构不够客观和略显片面，但是潜在变量和观察变量的增多对样本量的要求也相应增多。结构方程模型中对样本量（与变量个数相匹配）的要求比较敏感，而且结构方程模型"影响因素—利益分配契约绩效"构建的目的是确定利益分配契约博弈模型中的变量设置，从而为后面章节的模型构建奠定理论基础。

（一）植物品种权价值链利益分配契约影响因素分析

PVR-VC 成员间达成的利益分配契约受节点成员自身素质和节点成员间相互作用的共同影响。汤齐（2002）考虑了盟员企业的努力水平和偷懒程度、伙伴压力与主观误判、盟员企业风险厌恶、团体惩罚机制等因素对收益分配的影响。卢纪华等（2003）在构建基于技术开发项目的动态联盟收益分配模型时，考虑了工作努力水平、工作贡献系数、创新性成本、风险性成本等因素。下面详细介绍成员工作努力水平、成员讨价还价能力、研发模式、销售返利模式、对价值链的投入和贡献、风险因素以及惩罚因素等方面的影响。

1. 工作努力水平

一个为了实现某次市场机遇而参与到合作中的种子企业、分销商或育种方，可能同时有自己的业务或其他研发项目，也可能同时参与了不同的价值链联盟。另外，合作各方对合作伙伴的诸多信息并不十分了解，合作过程中本身就存在信息的不对称性，这样在整个价值链中成员将表现出不同的努力水平与积极性，可能会出现成员之间的"败德行为"，对工作不努力、偷懒等，直接影响到整个价值链的效率和收益，并最终影响到价值链利益的分配。

种子企业作为 PVR-VC 的核心成员，一般由它来制定利益分配契约；而它的工作努力水平会依据自己对预期收益的判断作出调整，因此这里仅考虑育种方和分销商的工作努力水平。育种方和分销商在整个 PVR-VC 上发挥各自的优势，前者的工作重心在育种创新上，后者的工作重心在种子销售上，因此着重考察育种方的创新努力水平和分销商的销售努力水平。

（1）育种方的研发努力水平

育种方凭借自己的研发技术优势加入 PVR-VC 联盟，为了保持价值链的竞争优势，它需要持续的技术创新以及与种子企业的协同创新。因此，种子企业为了最大限度地发挥育种方的优势，往往会对育种方的研

发创新投入采取激励措施。下面，通过博弈理论来分析育种方的创新努
力水平与其期望收入之间的关系。

　　假定育种方的努力程度有两种水平——努力和不努力（设在时间 t
内育种方的研发努力水平在不努力和努力之间变动）。如果努力，即育种
方积极参与育种创新，就会产生相应的努力成本 c_e；同时，由于育种方
的积极努力，种子性能得到提高，导致种子销售数量 q_e 增加。如果不努
力，则努力成本为 0；种子销售量为 q_0，且 $q_e > q_0$。设育种方与种子企
业之间的种子基础价格为 P_s（常数），种子企业会按照种子销售价格 P 的
比例 θ 给予育种方研发分成。假定种子销售价格 P 的演进服从几何布朗
运动，即 $dP(t) = \alpha P(t)dt + \sigma P(t)dB$，其中 α 为 $P(t)$ 的期望增长率，σ
为 $P(t)$ 的波动率，dB 为维纳过程的增量，且 $E(dB) = 0$，$Var(dB) = 1$。

　　根据上述假定，当育种方努力时，每期获得的收入为 $V_e(t) = P_s q_e +$
$\theta P(t) q_e$；当育种方不努力时，每期获得的收入为 $V_0(t) = P_s q_e + \theta P(t) q_0$。
设定 $P(t)$ 符合几何布朗运动，因此有 $E\left[\int_0^\infty P(t)e^{-\rho t}dt\right] = \dfrac{P(0)}{\rho - \alpha}$，其中 ρ 为
贴现率（$\rho > \alpha$）。

　　当育种方努力时，其期望收入净现值为：

$$NPV_e = E\left[\int_0^\infty (V_e(t) - c_e)e^{-\rho t}dt\right] = \theta q_e E\left[\int_0^\infty P(t)e^{-\rho t}dt\right] +$$

$$\frac{P_s q_e - c_e}{\rho} = \frac{\theta P(0)q_e}{\rho - \alpha} + \frac{P_s q_e - c_e}{\rho} \qquad (4—1)$$

　　当育种方不努力时，其期望收入净现值为：

$$NPV_0 = E\left[\int_0^\infty V_0(t)e^{-\rho t}dt\right] = \theta q_0 E\left[\int_0^\infty P(t)e^{-\rho t}dt\right] +$$

$$\frac{P_s q_0}{\rho} = \frac{\theta P(0)q_0}{\rho - \alpha} + \frac{P_s q_0}{\rho} \qquad (4—2)$$

　　由式（4—1）和式（4—2）比较可得：

$$NPV_e - NPV_0 = \frac{\theta P(0)(q_e - q_0)}{\rho - \alpha} + \frac{(q_e - q_0)P_s}{\rho} - \frac{c_e}{\rho}$$

$$(4—3)$$

若不考虑育种方研发努力的决策柔性，[①] 则 $(q_e - q_0)P_s > c_e$，即 $NPV_e > NPV_0$。

通过以上分析发现，在不考虑育种方研发努力的决策柔性的情况下，育种方的创新努力能带来更多的期望收入。

（2）分销商的销售努力水平

在现实生活中，努力水平是影响需求的重要因素之一。[②] 分销商的销售努力行为可以影响种植农户对种子的需求。比如把种子放在醒目的货架上、培训销售人员、雇佣更多的销售人员向农户进行宣传、免费试用、增加广告的投入等。销售努力所带来的需求增加，不仅使分销商获益，也会使种子企业获益。在一般情况下，分销商承担了所有的销售努力成本但没有获得全部收益，因此其选择的努力水平低于整个价值链的最优努力水平；而对于种子企业而言，当然是分销商选择越高的努力水平越好。这样，种子企业和分销商之间就产生了一定的利益冲突：无论分销商如何努力，种子企业都希望分销商更加努力。导致这个问题的原因在于，努力因素对整个价值链有利，对分销商而言却是要付出成本的。卡琼（Cachon，2004）证明了消费需求和努力因素具有相关性，利益分配契约无法实现供应链协作的最优目的，但 Cachon 的研究并没有给出解决这一问题的方法。

如果某种契约使得分销商销售努力水平的决策和整个 PVR-VC 的决策相一致，那么该契约就协调了价值链。基于这种考虑，Wang 等（2001）将商品的货架空间作为一个努力变量，供应链采用这种补偿方式来刺激销售商的努力水平；Li 等（2002）运用博弈论分析了销售商和生产商共享广告费用支出的模式；何勇等（2007）在认同努力水平和零售价格具有相关性的前提下，通过在弹性数量契约中引入回馈与惩罚策略，尝试解决单纯的弹性数量契约所无法解决的供应链协调问题；徐最等（2008）分析了在销售努力水平以两种形式影响需求的情况下，

---

① 育种方拥有根据 PVR-VC 运行状态选择"是否努力以及努力到何种程度"的权利，但不承担必须达到某种研发努力水平的义务，因而育种方的研发努力水平的决策具有灵活性，这里称具有这种灵活性的决策为柔性决策。本书不考虑育种方的研发努力决策柔性。

② Taylor, T. A., "Supply Chain Coordination under Channel Rebates with Sales Effort Effects," *Management Science*, 2002, 48 (8): 992–1007.

零售商最优努力水平的表达式。

2. 讨价还价能力

PVR-VC 产生的可分配利益是通过成员间讨价还价后所签订的利益分配契约进行分配的。由于个体理性原则，每个成员都会在契约签订时尽可能索要有利于自己的条款，但最终契约的内容还要取决于谈判双方的讨价还价能力。讨价还价是有共同利益的参与人面临冲突时试图达成一致协议的一种博弈过程，[1] 是一种典型的谈判活动：[2] 谈判中当对方的报价连同主要的合同条款向己方提出后，己方对其全部内容进行分析，通过对方的报价来判断对方意图，并给予再报价等反应，使交易朝着既对己方有利又能满足对方某些要求的方向发展，以有利于最终实现谈判中的利益交换。迈克尔（Michael，1980）指出供应商的讨价还价能力和客户的讨价还价能力在决定产业竞争强度和利润率方面起着关键作用。

PVR-VC 成员间的经济实力、地位等是不对等的，表现在利益分配上是彼此间讨价还价能力的不同。种子企业在制定利益分配契约时，往往根据所观察到的或具体结果来判断其他成员的贡献，从而确定它们的利益分配。但实际付出的贡献往往要大于所观察到的，那么，讨价还价能力强的成员就可以在自己的利益分配上有更多的争取。强势的一方可以转移其成本和风险。

3. 研发模式

种子企业和育种方在合作模式上存在不同的偏好，种子企业欢迎合作育种，而育种方更喜欢技术协作。由此可见，种子企业和育种方研发合作模式的选择过程，不是一个决策过程，而是一个对策过程，即互相博弈的结果。种子企业与育种方之间可供选择的利益分配模式见表4.1。在以下九种分配方案中，从理论角度分析，第三种模式最符合价值链"风险共担、利益共享"的原则，但在实际操作中，由于利润核算涉及种子企业内部成本这一敏感问题，容易产生争议，极少采用，所以不具

---

① Osborne, M. J., Rubinstein, A., *Bargaining and Markets* (San Diego: Academic Press, 1990), pp. 1–2.

② 阿伯西内·穆素：《讨价还价理论及其应用》，上海财经大学出版社 2005 年版，第 1—54 页。

普遍性。第四种模式也较少采用，因为产值并不能确切反映经济效益。目前较多被人们采用且具代表性的利益分配方式是固定支付（第一种和第二种）、混合支付模式（特别是第八种销售额提成）和产出分享模式（第九种）。

表 4.1　　　　　　　　　　**PVR-VC 第 I 阶段的利益分配模式**

	利益分配方式	操作方法	适用条件	操作性
固定支付	1. 一次性支付	品种权转让后一次性支付	技术成熟、市场确定	简便
	2. 一次性确定定额的分期支付	品种权转让前先交一部分定金，转让后全部结清	技术成熟、市场确定	简便
提成支付	3. 利润提成	育种成功并投产后按实现利润比例支付	联合经营	
	4. 产值提成	育种成功并投产后按实现产值比例支付	联合经营	较复杂
	5. 销售额提成	育种成功并投产后按实现销售比例支付	技术较成熟、市场有风险	较简便
混合支付	6. 入门费＋利润提成	种子企业先预先支付育种方一部分报酬，育种成功并投产后将实现利润按一定比例支付	技术较成熟、市场有风险	复杂
	7. 入门费＋产值提成	种子企业先预先支付育种方一部分报酬，育种成功并投产后将实现产值按一定比例支付	技术较成熟、市场有风险	较复杂
	8. 入门费＋销售额提成	种子企业先预先支付育种方一部分报酬，育种成功并投产后将实现销售额按一定比例支付	技术较成熟、市场有风险	较简便
产出分享	9. 按股分利	育种方以品种权作价入股，共同开发，按股分利	技术较成熟、共同开发、联合经营	较复杂

（1）固定支付模式

即种子企业一次性支付（或一次性确定定额后分期支付）品种转让费或研发费用，这里支付的费用可能是购买的使用权或许可权。由于品种权定价和利益分配是在其商品化之前，所以作价缺乏依据。如果该品种市场推广成功，种子企业获益较大，育种方获利甚微；反之，种子企业损失惨重，而育种方收益有保障。

在这种利益分配模式下，转让方和受让方一次交易达成后，关系即告结束，后期品种权的商品化和市场化均与转让方（即育种方）没有关系，完全由种子企业来承担，未体现"风险共担、利益共享"的原则及对育种研发进一步的激励和约束；而且也不利于种子企业对品种技术的掌握和改进，后期配套服务跟不上，势必增大风险。其次，固定支付模式对育种方有恶性驱动，为迎合种子企业急需新品种的心理，不顾市场容量将同一品种重复转让，导致企业间竞争有效市场，造成资源浪费。如2001年的"山东登海种业公司诉莱州农科所侵犯植物新品种权纠纷案"。山东莱州农科所原为"登海9号玉米杂交种"的品种权人，2001年1月15日登海公司（通过受让的方式）成为该品种权的权利人。2001年5月25日，莱州农科所（由农科院改制而来）又与内蒙古赤峰市宁城县山头村村委会主任马军签订《农作物种子预约生产合同》，授权繁殖掖单53号玉米杂交种。后来经北京市农林科学院玉米研究中心鉴定，宁城县繁殖的"掖单53号"实际上就是"登海9号"。经呼和浩特中级人民法院裁决，该案件以莱州农科所侵权而告终。[1]

另外，转让费集中支付且数额较大，对种子企业来说承担风险太大，如2005年江苏明天种业公司出资1000万元，买断了由中国水稻研究所育成的新型超级稻品种"国稻6号"的全国经营权，开创了我国农作物品种经营权受让标价的最新纪录。[2]

---

[1] 《中华人民共和国最高人民法院公报》（2004年卷），人民法院出版社2005年版，第366—369页。

[2] 《国稻6号的品种经营权转让价达1000万元》［EB/OL］，2005—7—7，中农网（http://www.ap88.com/info/detail.jsp? id=32775）。

（2）产出分享模式

育种方和种子企业签订协议商定彼此的投资比例，该比例为分红和承担风险的依据。其中，育种方以品种权作价入股，种子企业以在市场导入、种子生产、销售等环节的资源投入量入股。如果研发失败，由育种方独立承担研发费用。2011 年 7 月 2 日，安徽省农科院与安徽荃银高科种业股份公司通过股权投资方式，重组设立了"安徽华安种业有限责任公司"（原华安公司是农科院下属企业）。其中，荃银高科持有新华安种业 52% 的股份，安徽省农业科学院水稻研究所持股 48%；双方以协议的方式确定了价格补偿标准和后续收益分配方案。①

采用产出分享模式，合作双方的收益均与市场环境密切相关，因此育种方不但承担了研发技术风险还承担了市场风险，在其风险承受力较弱的情况下，可能很难接受这种模式。此外，考虑到育种方承担的风险比固定支付方式下更大，育种方要求所分得的收益将高于固定支付下的买断费，这又会影响种子企业的合作意愿。归纳起来，产出分享模式需要共同开发、共同经营，必须有较好的合作基础，否则关系不好处理。

（3）混合支付模式

种子企业提前给育种方固定的费用（用于品种研发的基础费用），同时也按照事先约定的比例向其支付费用。如果研发成功，种子企业将从育种方的收益中扣除预支部分；如果研发失败，育种方无需退还预支部分，种子企业也无需分担育种方的研发费用。其中，按销售额提成的方式更为受欢迎。如 2011 年浙江大学和浙江之豇种业有限责任公司签订生物种业战略合作协议，合作开展生物种业关键技术的研发；之后，浙大农业生命环境学部组织相关科研力量，与之豇种业合作创新"浙大—之豇种业生物育种研发和创新中心"，而之豇种业在其后 5 年里设立 1000 万元"生物种业研发和创新"专项资金，用于战略性生物种业新技术的研发和新品种选育。②

---

① 王永群：《安徽推现代种业创新合作新模式》，《中国经济时报》2011 年 7 月 12 日。
② 《校企携手进军生物种业，将开展全方位合作》［EB/OL］，2011—11—4，中国种子网（http：//www. jinnong. cn/seed/news/2011/11/4/2011114816663755. shtml）。

混合支付模式能够实现"风险共担、利益共享、互惠互利、共同发展"的原则,有利于双方关系的积极发展。新品种一旦成功投入市场,育种方和企业都可以获利,利益驱动将双方联系在一起,使彼此的合作步入良性发展的道路。但是,种子企业由于预支了部分报酬,使得育种方的投机动机比产出分享模式更大。

4. 销售返利模式

连续多年种子供大于求的形势造成种子买方市场,许多公司为竞争客户,倾销种子,普遍采用所谓的"返利营销"模式,即繁种公司给经销商留下一定的利润空间。2009—2010 年,一般玉米种子返利0.25—0.4元/公斤,如今种子明显供大于求,批发商和经销商对种子质量的要求越来越高,每公斤玉米种子返利增加到 0—1 元,个别的1.5—2 元,最多的高达5—10 元。① 批发商、经销商和代销户都很乐意销售返利多的品种。

种子销售返利是重要的营销手段,② 学者们皆认同返利对营销绩效的正向影响。③ 其基本功能在于种子企业激励分销商的积极性和对分销商销售行为的控制。返利不是目的,而是手段,通过手段达到增加销售的目的。在种子供大于求又相对垄断的结构形势下,"返利模式"是企业有效激励经销,最终提高企业营销绩效的一种形式。因此,在确保种子质量和企业信誉的前提下,种子公司设计合理的返利模式,未销完的种子退货退款,以减少经销商的经营风险。纯粹的返利幅度提高往往容易造成窜货或产品乱价,但经过合理安排的返利形式确实能提高经销商的积极性④。下面分别介绍返利模式的三个方面——返利幅度、返利形式和退货政策。

(1) 返利幅度

---

① 《我看今年玉米种子市场》[EB/OL],2011—1—4,科学网(http://www.biodiscover.com/news/science/article/86944.html)。

② 科特勒(Kotler, P.):《营销管理》,清华大学出版社 2007 年版。

③ Arcelus, F. J., Satyendra, K., Srinivasan, G. "Retailer's Response to Alternate Manufacture's Incentives under a Single-period, Price-dependent, Stochastic-demand Framework." *Decision Sciences*, 2005, 36: 599−626.

④ 王利、徐锦林:《返利条件下利润最大化的销售量决策》,《华东船舶工业学院学报》1999 年第 13 期。

种子企业制定具体返利幅度时需要参考各种约束，如竞争对手的返利水平、种子公司与经销商的利益分配、经销商的预期、往年返利情况和当地消费水平等。以 2004 年和 2007 年"郑单 958"为例。2004 年返利仅 0.1 元/公斤，2007 年为 0.65 元/公斤，但后者的激励效果并不如前者。其原因是 2004 年"郑单 958"热销，货源紧张，故 0.1 元/公斤的返利最终使利润在企业与经销商之间实现了合理分配；而 2007 年"郑单 958"的实际市场售价偏低，但种子公司仍以 2 元/公斤的价格供货，使部分经销商不满最终的利润分配。[①] 可见，种子企业与经销商间的利益分配是返利幅度决策的重要约束。此外，竞争对手的返利水平也是主要考虑因素。

（2）返利形式

返利形式包括明返、暗返、线性与阶梯式返利、现金或货物返利等。这些不同的返利形式对各经销商的影响并不相同。大部分学者认为，阶梯式返利是造成窜货和乱价现象的根源。但当某一品种在某一区域销售量不大时，也不失为一种较佳选择。返利形式的决策还需要考虑品种的生命周期，已经进入衰退期的种子品种可以实施明返，甚至一步到位价的返利形式，允许经销商自由操作。

（3）退货政策

作为一种分担经销商风险的方式，在种子市场竞争激烈的今天，退货政策的重要性日趋明显。该政策的实施，关键在于退货可靠与处理简便，体现出种企对经销商的一种承诺。因此，经销商对退货政策越满意，其收益得到保障，双方的合作关系将更加持久，最终有利于企业营销绩效的提高。但是，退货政策需注意尺度，不可削减经销商推广产品的积极性。

可见，返利模式需灵活应用。一方面要因地制宜，另一方面要考虑各种因素的制约。在确保种子质量和企业信誉的前提下，种子公司通过设计合理的返利模式，对未销完的种子实行退货退款，从而减少经销商的经营风险。

---

① 《巧施销售返利　提升种企绩效》［EB/OL］，2010—10—19，中国农业新闻网（ht-tp：//www. farmer. com. cn/wlb/nmrb/nb6/200910190037. htm）。

5. 对价值链的投入和贡献

本书将"投入"和"贡献"区别开来，从已有文献来看，对这两个概念的界定并没有形成共识（俞清，2002）。为了后面模型构建的方便，本书将"投入"界定为各成员在 PVR-VC 运行前就已经确定的投入，常常设定为已知的生产成本；而将"贡献"界定为各成员在价值链运行过程中的投入，包括种子企业的监督成本，育种方的创新成本，等等。

（1）对价值链的投入

PVR-VC 联盟本质上是育种方、种子企业和分销商以资源互补为基础的产学研性质的联盟，因此成员在品种研发过程、育繁种技术水平、人力资源等方面的投入构成了影响价值链联盟利益分配的最主要因素。本书将这类因素抽象为价值链成员对价值链的固定投入部分，可以量化为统一计量的投资额。在模型构建中，通常称其为生产成本；为了模型分析的方便，将其设定为常数。陶青等（2002）指出，合作投入与合作收益之间不是确定的正向关系。可见，某一成员投入的资源越多，表示其参与价值链联盟的程度越深，范围越广，但是并不代表其可以获得更多的收益。

（2）对价值链的贡献

由于育种方、种子企业、分销商在 PVR-VC 联盟中所扮演的角色不同，承担的任务不同，所支付的资金、成本以及核心资源不同，对价值链的贡献度也就不同，相对应地其从价值链联盟中所获得的收益也就不同。从目前的研究结论来看，学者们普遍认同由伙伴在合作中的贡献决定其收益，即对价值链贡献大的成员应当获得更多收益。设委托人对价值链的贡献为 C_p，代理人对价值链的贡献为 C_r，委托人所得收益为 I_p，代理人所得收益为 I_r，则根据成员贡献大小进行利益分配的数学表示是：$\dfrac{C_p}{I_p} = \dfrac{C_r}{I_r}$。组织行为学理论指出，在利益分配时考虑贡献率，可以提高团队成员的工作努力水平。亚当斯（Adams，1965）在公平理论中提到，如果在利益分配时采用贡献率，即根据团队成员贡献的大小来分配社会资源或组织奖酬，可以提高团队的产出水平和团队成员的工作积极性。[①] 俞清等（2002）提出应依据团队成员的相对重要性给予其相应的报酬（激励）。值得注意的是，价值链中成员的贡献度是不可独立观测的，所以所得报酬也无法基于个人绩效水平的大小，只能将总收益按事先拟定的利益分配比例分配给各成员。因此，分配比例的确定便是问题的关键所在。如果分配比例确定的不合适，则会使成员产生不公平感，影响整个价值链的绩效。

此外，由于在 PVR-VC 合作中，各成员投入的资源形式多样，很难明确"贡献"的大小。而且，在价值链的实际运行过程中，可能因为实际情况的需要或市场变动而需要某一成员作出额外的贡献和努力，这些都应当反映在收益上，需要对原有契约进行调整。因此，如何科学度量贡献度大小以及如何衡量贡献度的变化情况，都是在设计利益分配契约时必须考虑的问题。只有这样，才能确保利益分配契约切实可行。

6. 惩罚措施

价值链联盟中往往因为合作成员发现了更有收益的投机机会，而做出不利于该价值链联盟的行为，PVR-VC 也不例外。对这种行为，可以通过建立强有力的制约惩罚机制的方式来提高欺骗成本，既可以对个体实施惩罚，也可以对团体实施惩罚（骆品亮等，2005）。霍姆斯特姆（Homlstrom，1999）认为，委托人的作用在于用集体惩罚方法来约束"搭便车"行为，并提出一种强制施行的契约。齐默（Zimmer，2002）建立了关于惩罚和奖励两种激励方式分别与订货量相结合的协同机制。张翠华等（2006）在齐默的研究基础上，着重研究了在订货量一定的情况下，生产商通过对惩罚成本和奖金的调整使非对称信息下供应链系统的绩效实现最优问题，并确定了惩罚成本和奖金的最优组合值。斯塔伯德（Starbird，1001）、弗拉斯卡托雷等（Frascatore et al.，2003）和施内韦斯等（Schneeweiss et al.，2004）都对契约中的补偿与惩罚作了深入研究。周小庄等（2006）引入惩罚因子对供应链库存状态进行分析。

---

① ［加］休・J. 阿诺德、［美］丹尼尔・C. 菲尔德曼：《组织行为学》，中国人民大学出版社 1990 年版。

在综合借鉴已有相关文献的基础上，本书认为在利益分配契约中引入惩罚因子较为简单合理。当然，以上都是理论分析，如 Varian（1990）就认为代理人之间的相互监督往往更为有效。因此惩罚措施在 PVR-VC 中的现实有效性还有待检验。

由于成员的失误而导致 PVR-VC 不能正常运行，新品种研发不出来，种子企业就无法进行繁种、制种，分销商也就无法进行销售；各个成员都应当承担相应的责任，即价值链的非正常运行成本应转移支付在该成员身上，这样才可以体现出价值链管理的公平性原则。惩罚因子可以由委托人单方面决定，也可以由委托人和代理人双方协商决定。从理论上说，PVR-VC 惩罚措施的设计应体现在两个方面：①育种方的研发任务未达到预定目标，导致整个价值链无法正常运行，应给予惩罚；②分销商未达到预定销售任务额，应给予惩罚。这里存在两个前提条件——育种方和分销商的初始财富足够大（大到足以承受这些惩罚）；且惩罚的形式不予讨论。

7. 风险因素

风险是指由于影响因素的复杂性和变动性，使实际结果与预期目标发生偏离而导致利益损失的可能性。一般认为，联盟中的核心成员是风险中性，而其他合作成员是风险规避型。PVR-VC 面临的风险主要包括技术风险、市场风险和合作风险。

（1）技术风险

PVR-VC 是一种以品种创新为基础的合作形式，创新就必然存在技术上的风险。①在品种权转化为商品的过程中，存在着许多事先难以预料的困难和不确定性，许多育种研发活动就是因为难以逾越的实验室阶段困难而夭折。②在品种权商品化阶段，由于标准化工艺不成熟，或者对接的种子企业的综合技术水平无法匹配该品种的技术要求等，可能导致育种方和种子企业对接不成功，难以达到预期效果而合作中止。③在品种权市场化的过程中，即使能够开发出成功的新品种，但事先也难以确定其进入市场后的效果，可能在农户种植过程中会发生意想不到的负面效果，这样该品种就会因为限制而无法继续种植。技术风险通常由育种方承担，这在一定程度上降低了育种方的积极性，并且完全由育种方承担对整个价值链而言也是危险的。因此，在设计利益分配契约时，应该考虑有没有一个好的措施能减轻育种方所承担的技术风险的方法，如种子企业分担一部分技术风险等。

（2）市场风险

市场风险是指品种权以其物质载体——种子的形式进入市场化阶段，由于种植效果、市场竞争格局等因素而使得能否取得预期收益存在不确定性。①难以确定新品种的相对竞争优势。当前市场竞争激烈，每一个新品种相对于其他品种在性能、价格或其他方面的竞争优势，是其被市场接受的基础，但这种竞争优势是否真正存在是事先难以准确预期的。②新品种提前进入衰退期。当前，品种更新速度加快，生命周期缩短；一新品种很容易被其他品种所替代，但替代的准确时间是难以确定的。当替代的新品种比预期提前出现时，原有品种将蒙受提前进入衰退期的损失。另外，我国种子市场混乱，法律不健全，不少企业奉行技术追随战略，在品种研发方面的"免费搭车"行为将严重影响初始企业的声誉及利益。③售后技术服务滞后。市场风险主要由种子企业承担，而往往设定种子企业是风险中性，因此市场风险常常在模型中不予考虑。

（3）合作风险

合作创新不仅是一个技术过程，而且是一个社会互动过程，或者是合作各方相互博弈的过程，这一过程中存在着合作风险，具体表现为合作者对对方的信心、信任程度、双方的关系、沟通的有效性等。PVR-VC 的成员一旦察觉到合作风险，将利用信息不对称尽可能地充分发挥自身所拥有的专门知识优势，使得合作方面临不公正的对待，从而降低了价值链联盟效率，但这种风险会随着合作的不断深入而逐渐降低。①在 PVR-VC 构建初期，严厉的惩罚机制能较好地降低合作风险。

综上可见，正是因为风险因素对利益分配契约的消极影响，所以委托人在设计利益分配契约时，应充分考虑代理人所承担的各项风险，应就代理人所承担的风险给予补偿。实际上，就是由委托人承担部分风险，以达到对代理人的激励效果。值得注意的是，并不是让代理人转嫁

---

① Das，T. K.，B. S. Teng. "Risk Types and Inter-firm Alliance Structures," *Journal of Management Studies* 33，1996：827–843.

所有的风险成本而是在契约设计中让代理人也承担部分风险成本，并且让它们从风险分担中获得相应的报酬。①

（二）植物品种权价值链利益分配契约影响因素归纳

基于以上相关分析，本书将 PVR-VC 利益分配契约影响因素依据所处维度的不同进行分割，划分为两个维度：成员自身因素（即成员因素）和价值链运行过程因素（即过程因素）。其中，成员工作努力水平、讨价还价能力和对价值链的投入属于成员因素；合作模式（本书将前面提及的研发模式和销售返利模式统称为"合作模式"）、对价值链的贡献、惩罚措施和风险因素都属于过程因素（如表4.2所示）。

表 4.2　　　　　　　　PVR-VC 利益分配契约影响因素归纳

维度	因素
成员因素	工作努力、讨价还价、对价值链的投入
过程因素	合作模式、对价值链的贡献、惩罚措施、风险因素

1. 成员因素

在成员因素这一维度上，主要从参与 PVR-VC 的成员自身角度进行考虑，关注成员的工作水平、对契约签订的影响力以及成员确定的对 PVR-VC 的投入成本。从文献梳理来看，就供应链利益分配领域而言，成员工作努力水平和讨价还价能力对利益分配契约的影响已经得到学者们的一致认可；但在 PVR-VC 中，这些因素是否也同样重要，本书试图通过实证分析对此进行验证。为了变量设置的方便，笔者不再具体区分育种方或分销商。

2. 过程因素

过程因素指的是在 PVR-VC 运行过程中受到影响的各种因素，它们

---

① Mirrlees, J. A., "The Optimal Structural of Incentive and Authority Within an Organization.," *Bell Journal of Economics*, 1976.

可能是价值链稳定进行的推动力，也可能是阻碍力。从理论分析来看，除风险因素外，其余各因素对利益分配契约绩效都存在正向影响。为了分析结构方程模型的方便，这里将风险因素的指标描述为"风险承担"，这样所有的分析因素从理论上来看都是正向影响。

　　同时，考虑到问卷调研过程中的不确定性因素，为了使变量设置与样本量更加匹配，这里将研发模式和返利模式统一为"合作模式"，不再对育种方和种子企业、种子企业和分销商之间的合作模式作具体区分。

三　概念模型与研究假说

（一）概念模型

PVR-VC 影响因素—利益分配契约绩效概念模型如图 4.2 所示。

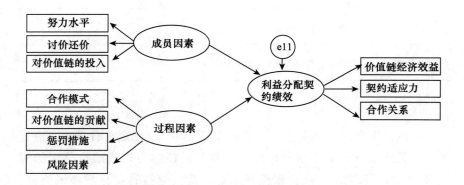

图 4.2　PVR-VC 影响因素—利益分配契约绩效模型

（二）模型指标描述

PVR-VC 影响因素—利益分配契约绩效结构方程模型中各变量指标描述如表 4.3 所示：

表 4.3　　　　　　　　　　　　各变量指标描述

潜在变量	观测变量	指标描述	指标来源
成员因素	努力水平	在利益分配契约设计时，考虑成员在合作过程中的工作努力水平	Taylor（2002），Cachon（2004），何勇等（2007），徐最等（2008）
	讨价还价	在利益分配契约设计时，考虑成员在契约签订上讨价还价的能力	秦娟娟等（2009），Michael（1980）
	对价值链的投入	在利益分配契约设计时，考虑成员对价值链的投入	陶青等（2002），尤勇等（2009）
过程因素	合作模式	在利益分配契约设计时，考虑成员间达成的合作模式，包括研发利益分配模式或返利模式	武丹等（2007），王利等（1999），P. Kolter（2007），艾兴政等（2006），薛顺利等（2006）
	对价值链的贡献	在利益分配契约设计时，考虑成员对价值链的贡献	Adams（1965），俞清等（2002）
	惩罚措施	在利益分配契约中规定，当合作成员未完成约定目标时，对其进行惩罚	Homstrom（1999），Schneeweiss et al.（2004），周小庄等（2006），Starbird（2001）
	风险因素	在利益分配契约设计时，考虑成员间风险成本的分担问题	Das & Teng（1996），Mirrlees（1976）
利益分配契约绩效	价值链经济效益	实际 PVR-VC 运行过程中，价值链的经济效益良好	Beamon（1999），马士华（2002），赵忠华（2003），王玉燕等（2007），李应等（2007），叶飞等（2009），孙志峰（2011）
	契约适应力	实际 PVR-VC 运行过程中，利益分配契约适应能力良好	
	合作关系	实际 PVR-VC 运行过程中，实际成员间的合作关系良好	

（三）研究假说

假说 1：成员因素对利益分配契约绩效有直接的正向显著影响。

$H1a$：工作努力水平对利益分配契约绩效有直接的正向显著影响。

$H1b$：讨价还价能力对利益分配契约绩效有直接的正向显著影响。

$H1c$：对价值链的投入对利益分配契约有直接的正向显著影响。

假说 2：过程因素对利益分配契约绩效有直接的正向显著影响。

$H2a$：合作模式对利益分配契约绩效有直接的正向显著影响。

$H2b$：对价值链的贡献对利益分配契约绩效有直接的正向显著影响。

$H2c$：惩罚措施对利益分配契约绩效有直接的正向显著影响。

$H2d$：风险因素对利益分配契约绩效有直接的正向显著影响。

四　问卷设计与数据收集

（一）问卷设计

本研究重点研究影响 PVR-VC 利益分配契约绩效的因素，这里的调查对象仅锁定有合作对象的种子企业。需要说明的是：首先，由于种子企业在利益分配契约的制订中扮演主导角色，育种方和分销商凭借自身的优势、讨价还价能力等为自己争取更多的收益；其次，样本需求量大，受发放调研问卷渠道的限制，很难保证所调查的育种方、种子企业和分销商是同一条链上的合作成员。

本研究所需数据很难用公开、客观、可靠的资料来衡量，因此通过采用调查问卷进行主观性评价，获取相关的变量衡量数据。合理的问卷设计过程是保证数据效度和信度的重要前提。王重鸣（1990）指出，问卷法是通过书面形式，以严格设计的心理测量项目或问题，向研究对象收集研究资料和数据的一种方法。马庆国（2008）认为，一般可以从四个维度来确定问卷中的问题：①研究目的，从研究目的出发确定要测量的变量和问题；②文献阅读，针对文献中的观点和结论，在问卷中设置相关问题，收集数据来证伪或证实；③对变量间相互关系的假想；④数据处理方法，从数据处理方法角度，确定问题的测量方法。

本研究的问卷设计包括以下内容：

（1）参阅相关文献，进行理论研究。结合价值链、供应链、技术创新、产学研和动态联盟的相关文献，吸取文献中与本研究相关的研究成果，设计潜在变量和观测变量。

（2）征求专家意见，确保设计的指标描述科学合理。在问卷设计出初稿后，向笔者所在学术团队、农学领域专家、种子企业管理人员咨询意见，对问卷的变量设置、指标描述措辞等方面进行了修改和完善。

（3）通过实地访谈各界人士，保证问卷具有实用性。笔者利用团队的关系网络（多为高等院校相关研究人员、种子企业的管理人员等）进行深入的访谈与测试，根据他们的意见进行进一步修改，在此基础上形成最终的问卷（见附录）。

经过以上三步，初始问卷中的"研发模式"和"返利模式"合并为一个观察变量"合作模式"，"对价值链的投入"从过程因素转移到成员因素中。从后面模型拟合检验情况来看，这些变动是有效的。

（二）研究方法

管理研究中最常见的统计方法基本上可以分为两类——以回归方程为代表的统计模型和以结构方程模型为代表的统计模型。根据本书研究问题的性质，以及相关假说所包含因素的特征即相互关系，本书选择结构方程模型（SEM，Structural Equation Modeling）。

1. 结构方程数学表述

结构方程模型是利用一定的统计手段，用复杂的理论模式进行处理，从而达到证实事先提出的理论假设是否成立的目的。结构方程模型包括了测量模型和结构模型。结构模型主要是描述变量间的关系，其基本假设为：在总体中，模型所有的潜变量平均数为 0；方程的外源变量与误差之间的相关为 0；模型中潜变量之间不存在多余的方程。其数学表达式为：[1]

$$\eta = \Gamma\xi + \zeta \text{ 或 } \eta = B\eta + \Gamma\xi + \zeta$$

其中：η 代表内生潜在变量；

---

① 吴明隆：《结构方程模型——AMOS 的操作与应用》，重庆大学出版社 2010 年版，第 17 页。

B 代表内生潜在变量之间的关系；

ξ 代表外生潜在变量；

Γ 代表外生潜在变量对内生潜在变量的影响；

ζ 代表结构模型中的干扰因素或残差值，ξ 与 ζ 无相关存在。

2. 结构方程步骤

应用结构方程模型进行统计分析一般分为六步：

模型设定。研究人员根据理论或以往研究成果来设定假设的初始理论模型。根据模型中的假设构建因果关系路径，再将路径图转换成方程组。

模型识别。决定所研究模型是否能够求出参数估计的唯一解；在有些情况下，由于模型被错误地设定，其参数不能识别，而求不出唯一的估计值，因此模型无解。

模型估计。模型参数可以采用几种不同的方法来估计。最常用的模型估计方法是最大似然法和广义最小二乘法。

模型评估。在取得了参数估计值以后，需要对模型与数据之间是否拟合进行评价，并与替代模型的拟合指标加以比较。模型的总体拟合程度有许多衡量标准，拟合指数可以分为绝对拟合指数和相对拟合指数。

模型修正。当模型进行参数估计后，发现假设理论模型与观察数据的适配度不佳，研究者可能会对模型进行适当修正，修正的目的在于模型适配度的改善。模型适配度不佳可能是：违反基本分布的假定；有缺失值或叙列误差的存在；不是直线关系。[①] 模型修正就是所谓模型界定（Model Specification），即对模型增列或删除某些参数；而模型的改善指的是模型改为更佳或更简约的适配，可以得到合理的解释。

模型解释。对模型的统计结果进行解释，一般用具有可比性的标准化估计参数来说明总效果、直接效果和间接效果。

3. 结构方程的数据处理方法

在一个 SEM 分析模型中，观察变量一定存在，但潜在变量不可能单独存在，因为在研究过程中，潜在变量是反映某种抽象的概念意涵，

---

① Kaplan, D., "The Impact of Spicification Error on the Estimation, Testing and Improvement of Structural Equation Models." *Multivariate Behavioral Research*, 1988, 23: 69-86.

并不是真实存在的变量，而是由观察变量所测量估计出来的。① SEM 模型具有以下优点：② 第一，可检验个别测验题项的测量误差，并且将测量误差从题项的变异量中抽离出来，使得因素负荷量具有较高的精确度；第二，研究者可根据相关理论文献或经验法则，预先决定个别测验题项属于哪个共同因素，或置于哪几个共同因素中；第三，可根据相关理论文献或经验法则，设定某些共同因素是否直接具有相关性，甚至将这些共同因素间的相关设定为相等的关系；第四，可对某些整体共同因素进行统计上的评估，以了解理论所建构的共同因素模型与研究者实际取样搜集的数据间是否契合，即可以进行整个假设模型适配度的检验。

因此，结构方程模型基本上是一种验证性模型，通常必须有理论或经验法来支持，由理论来引导，在理论导引的前提下才能建构假设模型图。即使是模型的修正，也必须依据相关理论而来，它特别强调理论的合理性。结构方程模型整合了因素分析（Factor Analysis）与路径分析（Path Analysis）两种统计方法，同时检验模型中所包含的显性变量、潜在变量、干扰或误差变量间的关系，进而获得自变量对依变量影响的直接效果、间接效果或总效果。此外，SEM 模型估计方法中最常用的方法为极大似然法（Maximum Likelihood），使用极大似然法来估计参数时，样本数据必须符合多变量正态性假定。此外样本数据的样本数也不能太少，但样本数太大，使用极大似然法来估计参数时，适配度的卡方值会过度敏感，因而进行 SEM 模型估计与决定模型是否被接受时应参考多向度的指标值加以综合判断。③

由于本书的研究会涉及数量众多的变量，且在数据获取过程中存在误差，利用结构方程模型能够很好地解决这些问题。本书采用 AMOS 18.0 软件和 SPSS 18.0 软件进行数据分析和模型检验。运用结构方程模型技术，使用 AMOS 软件包对分析本研究所提出的问题是十分有利的。

---

①　邱皓政：《结构方程模式——LISREL 的理论、技术与应用》，双叶书廊 2005 年版。

②　黄俊英：《多变量分析》，华泰文化 2004 年版。

③　同上。

（三）数据收集

本研究调研对象为种子企业经理、负责技术或销售的副总或技术总监、研发部负责人、中层管理人员等。当然，考虑到调研的实际情况，可以将调研对象的范围适当放宽，如调研对象虽不是种子企业人员，但对某种子企业的研发、生产、销售等情况很了解等。采用四种方式进行问卷调查。

第一种方式是利用学生假期实习的机会，深入企业开展现场发放问卷，共发放问卷300份，收回问卷250份，其中有效问卷149份。第二种方式是通过个人关系网络，委托朋友向有效对象发放并回收问卷，共发放50份，回收50份，其中有效问卷50份。第三种方式是采用邮寄、E-mail进行远程问卷调查，在事先取得沟通和联系的情况下将问卷发给各企业的管理者，由各企业的相关管理者对问卷进行作答，共发放问卷10份，回收问卷5份，其中有效问卷5份。问卷发放和回收情况如表4.4所示。

表4.4　　　　　　　　　　问卷方法和回收情况

问卷发放和回收方式	发放数量（份）	回收数量（份）	回收率（%）	有效数量（份）	有效率（%）
学生假期发放	300	250	83	149	60
朋友网络发放	50	50	100	50	100
邮寄、E-mail发放	10	5	50	5	50
合计	360	305	78	204	70

注：回收率＝回收数量/发放数量；有效率＝有效数量/回收数量。

米勒（Mueller，1997）认为单纯的SEM分析，其样本大小标准至少在100以上。如果从模型观察变量数来分析样本人数，汤普森（Tompson，2000）认为模型中的样本数与观察变量数的比例至少为

10∶1至15∶1之间。本次调研因调查途径的限制及所调研内容的特殊性，有效问卷为204份；且"影响因素—利益分配契约绩效"模型有十个观察变量，所以有效问卷份数基本符合分析方法对样本量的要求。

需要特别指出的是，鉴于问卷调查普遍存在的问题——问卷填写的不规范性，本书确定不合格问卷的标准是：①问卷填写不认真，如所有答案都是统一选项等；②同一地区回收的问卷有雷同现象；③问卷填写不完整，连续出现三个或三个以上选项空白。在删除不合格调查问卷之后，样本数量符合结构方程模型的要求，可以进行下一步的分析。

五　数据分析

（一）描述性统计分析

在数据分析的时候，一般首先要对数据进行描述性统计分析（Descriptive Analysis），以发现数据内在的规律，再进一步选择分析的方法。本书根据收回的204份有效调查问卷数据，运用SPSS 18.0从样本量、最大值、最小值、平均值、方差和标准差几方面对被调查企业各变量得分进行统计计算，结果如表4.5所示。平均值是衡量数据中心位置的重要指标，反映了一些数据必然性的特点；标准差反映了数据之间的差异程度。

表4.5　　　　　　　　　　各变量统计分析结果

潜在变量	观察变量	样本量	最大值	最小值	平均值	标准差
成员因素	工作努力程度	204	5	1	4.3824	.73671
	讨价还价	204	5	1	4.1716	.79715
	对价值链的投入	204	5	3	4.5637	.57094

续表

潜在变量	观察变量	样本量	最大值	最小值	平均值	标准差
过程因素	合作模式	204	5	1	4.5196	.75241
	对价值链的贡献	204	5	1	4.4755	.89574
	风险因素	204	5	1	4.2108	.95705
	惩罚措施	204	5	1	3.7843	.86676
利益分配契约绩效	价值链经济效益	204	5	1	4.1324	.86936
	契约适应力	204	5	1	4.4461	.81370
	合作关系	204	5	1	4.4461	.84342

（二）信度检验

信度和效度是实证研究的一个重要环节。只有满足一定信度和效度，实证分析结果才具有说服力。所谓"信度"，是指一种测量工具的正确性与精确度；[①] 而"效度"是指一种测量工具能够测出所测量事物的特质或功能的程度。信度分析用于检验测量量表的稳定性或可靠性，也就是对于相似的现象进行不同的测量，其所得结果的一致性程度。通常认为若因素度量的一致性检验系数（Cronbach's α 系数）大于 0.7，则度量指标具有较高的信度；若该系数低于 0.4，则应予以拒绝。本研究采用 SPSS 18.0 研究数据的内部一致性，经检验，问卷总量表的信度 Cronbach's α 系数值为 0.881，通过内部一致性检验，说明本研究所使用数据具有很好的信度。同时，对各潜在变量分量表分别检验信度，结果显示了各潜在变量量表的 Cronbach's α 系数值均在 0.80 以上（如表 4.6 所示）。综上所

---

① Kerlinger, Fred N., Foundations of Behavioral Research, 3rd edition (New York: Holt, Rinehart and Winston, 1986).

示，信度检验说明总量表和分量表具有较好的内部一致性信度。

表4.6 各变量信度检验结果

潜在变量	观测变量	Cronbach's α 值
成员因素	努力水平	0.820
	讨价还价	
	对价值链的投入	
过程因素	合作模式	0.830
	对价值链的贡献	
	惩罚措施	
	风险因素	
利益分配契约绩效	价值链经济效益	0.919
	契约适应力	
	合作关系	

（三）效度检验

效度测量包括内容效度（Content Validity）、建构效度（Construct Validity）和区别效度三个方面。其中内容效度是指测量工具所能涵盖的研究主题的程度。本书所设计的问卷是基于相关领域文献的整理，并经过访谈而设计出来的。借鉴相关实证研究的乘数量表以确保问卷内容完整，同时与专家、企业中高级管理人员进行了反复讨论和修正，使得问卷内容充分涵盖所测量的内容。因此，本书所使用的测量量表应能符合内容效度的要求。

建构效度是指衡量工具能够测量某一理论概念的程度。柯林格等（Kerlinger et al. , 1986）指出，可用因子分析来检验测量量表的建构效度。为了证明本研究中潜在变量所反映理论的概念和特征的程度，这里采用探索性因子分析方法。首先在进行因子分析前，对总量进行了KMO 样本检测和 Bartlett 球体检验。其 KMO 值为 0.848，Bartlett 统计值为 1257. 811 且 Sig. = 0. 0000（如表 4.7 所示）。检验结果符合要求，说明这些题项适合进一步做因子分析。

根据特征根大于 1，最大因子载荷大于 0.5 的要求，本研究运用主成分分析法中极大方差法正交旋转，对总量表抽取三个公共因子。经过 SPSS 中 Factor 分析可以发现十个变量被归结为三个因子，累积方差贡献率大于 76%（如表 4.8 所示），旋转后各变量因子载荷均在 0.5 以上（如表 4.9 所示）。这些数字说明了因子分析抽取结果与指标设置时的变量结构一致，本研究对这三个潜在变量（成员因素、过程因素和利益分配契约绩效）的划分是有效的，本量表具有较高的建构效度。

表 4.7   **KMO 和 Bartlett 的检验**

取样足够多的 Kaiser-Meyer-Olkin 度量		. 848
Bartlett 的球形度检验	近似卡方	1257. 811
	df	45
	Sig.	. 000

表 4.8   **解释的总方差**

成分	初始特征值			提取平方和载入		
	合计	方差的 %	累积 %	合计	方差的 %	累积 %
1	4. 916	49. 160	49. 160	4. 916	49. 160	49. 160
2	1. 670	16. 696	65. 856	1. 670	16. 696	65. 856
3	1. 085	10. 848	76. 704	1. 085	10. 848	76. 704
4	. 659	6. 589	83. 294			
5	. 494	4. 937	88. 231			
6	. 333	3. 334	91. 565			
7	. 266	2. 664	94. 229			
8	. 215	2. 150	96. 379			
9	. 202	2. 020	98. 399			
10	. 160	1. 601	100. 000			

提取方法：主成分分析

表 4.9　　　　　　　　　　　　　旋转成分矩阵[a]

	成分		
	1	2	3
努力水平	.353	.151	.803
讨价还价	.382	.116	.802
对价值链的投入	-.061	.012	.855
合作模式	.452	.522	.037
对价值链的贡献	.557	.642	.095
惩罚措施	.033	.899	.053
风险因素	.294	.849	.148
价值链经济效益	.844	.215	.181
契约适应力	.854	.218	.217
合作关系	.893	.196	.198

提取方法：主成分

旋转法：具有 Kaiser 标准化的正交旋转法

a. 旋转在 5 次迭代后收敛

六　结构方程模型分析

上述信度和效度检验结果表明，本研究所构建的测量模型具有较好的表征效果，可以用来进行更进一步的结构分析。本研究将运用结构方程模型来检验前面所提出的"影响因素对利益分配契约绩效作用"的概念模型和相关假说。下面按照结构方程模型应用过程的四个步骤——模型设定、模型拟合、模型评价以及模型解释进行分析。

（一）模型设定

依据前面所构建的概念模型和变量设置中的具体内容，本书设定了初始结构方程模型及路径，拟设定的各潜在变量之间的关系很清楚地显示出来，其中用椭圆表示潜在变量，用矩形表示观测变量，用箭头表示路径（如图 4.3 所示）。在该模型路径图中，模型参数共有 37 个，其中自由参数 23 个，样本资料所能提供的数据点为 55 个，模型的自由度为 32，达到了模型可识别的必要条件。

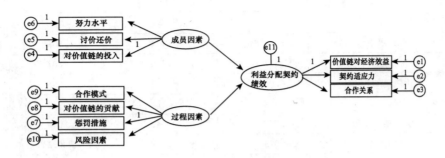

图 4.3 理论模型建模与参数结构

（二）模型拟合

本研究采用结构方程模型分析时，采用了极大似然法进行拟合，在选择了 AMOS 提供的标准化参数拟合结果和修正的相关信息等输出结果选项后，运行软件模型自动拟合。由于已经在前面章节对数据进行了必要的加工和信息效度分析，包括对于缺失数据的处理，模型拟合过程的从初始的扫描数据资料经历了 10 次的迭代，最终收敛，得到的模型卡方值为 95.6，自由度为 32。如图 4.4 所示。

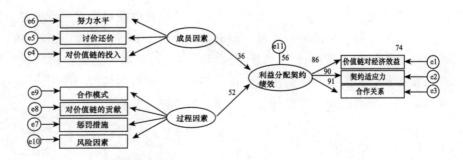

图 4.4 "影响因素—利益分配契约绩效"标准化估计值模型

（三）模型评价

模型拟合后，检验并从绝对适配度指数、增值适配度指数和简约适配度指数来评价模型（结果见表4.10）。结构方程分析结果从绝对适配度指数、增值适配度指数和简约适配度指数来评价模型。

表4.10　　　　　　　"影响因素—利益分配契约绩效"
初始模型的整体模型适配度检验摘要

统计检验量	适配的标准或临界值	检验结果数据	模型适配判断
绝对适配度指数			
χ^2 值	p > .05（未达显著水平）	95.583（p = .000 < .05）	否
RMR 值	< .05	.044	是
RMSEA 值	< .08（若 < .05 优良；< .08 良好）	.099	否
GFI 值	> 0.90 以上	.905	是
AGFI 值	> 0.90 以上	.837	否
增值适配度指数			
NFI 值	> 0.90 以上	.926	是
RFI 值	> 0.90 以上	.895	否
IFI 值	> 0.90 以上	.949	是
TLI 值（NNFI 值）	> 0.90 以上	.928	是
CFI 值	> 0.90 以上	.949	是
简约适配度指数			
PGFI 值	> .50 以上	.527	是
PNFI 值	> .50 以上	.658	是
PCFI 值	> .50 以上	.675	是
χ^2 自由度比	< 2.00	2.987	否
AIC 值	理论模型值小于独立模型值，且同时小于饱和模型值	141.583 ＞ 110.000 141.583 < 1304.169	否
CAIC 值	理论模型值小于独立模型值，且同时小于饱和模型值	240.900 ＜ 347.497 240.900 < 1347.350	是

与此同时，初始结构方程模型运算结果信息显示，所有路径系数在 0.001 的水平上具有统计显著性。因此，综合初始模型拟合各指标效果，本书考虑进行模型修正。

（四）模型修正

一般来说，结构方程模型修正的思路有两条：一是将不显著的路径关系和变量删除，提高模型的辨识性；二是依据修正指数（MI，Modification Index）的结果来增加新的变量间关系，以提高模型的拟合程度。这里，在理论上不影响初始模型整体布局构思的基础上对其进行局部性修正。由于本书设计的问卷信度很好，所以不考虑第一条修正思路，因而选用第二条思路，利用修正指标来调整适配情况。

本书结合拟合结果信息中 MI 值对初始模型进行修正。首先寻找 MI 值最大的两个残差，e_7 和 e_{10} 的 MI 值为 37.788，而实际上将风险因素和惩罚措施的残差项建立关系是可以解释的，因此增加 e_7 和 e_{10} 的相关性路径，卡方值降为 40.8。在运用极大似然法估计计算后，分析结果显示，修正后模型的拟合程度很好（见表 4.11），说明该模型可以用来研究本课题。

表 4.11　　　　　　**"影响因素—利益分配契约绩效"**
修正模型的整体模型适配度检验摘要

统计检验量	适配的标准或临界值	检验结果数据	模型适配判断
绝对适配度指数			
χ^2 值	p > .05（未达显著水平）	40.773 ↓ （p = .113 ↑ > .05）	是
RMR 值	< .05	.027 ↓	是
RMSEA 值	< .08（若 < .05 优良； < .08 良好）	.039 ↓	是
GFI 值	> 0.90 以上	.962 ↑	是
AGFI 值	> 0.90 以上	.933 ↑	是
增值适配度指数			

续表

统计检验量	适配的标准或临界值	检验结果数据	模型适配判断
NFI 值	>0.90 以上	.968 ↑	是
RFI 值	>0.90 以上	.954 ↑	是
IFI 值	>0.90 以上	.992 ↑	是
TLI 值（NNFI 值）	>0.90 以上	.989 ↑	是
CFI 值	>0.90 以上	.992 ↑	是
简约适配度指数			
PGFI 值	>.50 以上	.542 ↑	是
PNFI 值	>.50 以上	.667 ↑	是
PCFI 值	>.50 以上	.683 ↑	是
χ^2 自由度比	<2.00	1.315 ↓	是
AIC 值	理论模型值小于独立模型值，且同时小于饱和模型值	88.773 < 110.000 88.773 < 1304.169	是
CAIC 值	理论模型值小于独立模型值，且同时小于饱和模型值	192.408 < 347.497 192.408 < 1347.350	是

注：↑表示在初始模型修正后该值变大；↓表示在初始模型修正后该值变小。

（五）假说检验

表 4.12 是 AMOS 18.0 所给出的修正模型各因素之间相互影响途径的路径系数、标准化的路径系数以及 T 检验的结果。

根据表 4.12，可以对本书提出的假说进行检验。本书提出的假说 1 和假说 2 分别表明了成员因素和过程因素对利益分配契约绩效有直接的正向显著影响。从表 4.12 的分析结果来看，成员因素和过程因素影响利益分配契约绩效的标准化路径系数和 P 值分别为：0.316，P < 0.001；0.586，P < 0.001。这说明假说 1 和假说 2 得到了验证。同样，假说 $H1a$、$H1b$、$H1c$、$H2a$、$H2b$、$H2c$ 和 $H2d$ 也通过了验证。假说的验证情况如表 4.13 所示。

表 4.12   修正模型中的路径系数分析结果

	Estimate	Standardized Estimate	S. E.	C. R.	P	Label
利益分配契约绩效 <——成员因素	.746	.316	.176	4.243	***	par_ 7
利益分配契约绩效 <——过程因素	.949	.586	.162	5.872	***	par_ 8
价值链经济效益 <——利益分配契约绩效	1.000	.859				
契约适应力 <——利益分配契约绩效	.982	.901	.057	17.320	***	par_ 1
合作关系 <——利益分配契约绩效	1.031	.912	.059	17.487	***	par_ 2
对价值链的投入 <——成员因素	1.000	.554				
讨价还价 <——成员因素	2.264	.899	.277	8.181	***	par_ 3
努力水平 <——成员因素	2.047	.879	.250	8.173	***	par_ 4
惩罚措施 <——过程因素	1.000	.531				
对价值链的贡献 <——过程因素	1.745	.898	.228	7.657	***	par_ 5
合作模式 <——过程因素	1.056	.646	.161	6.575	***	par_ 6
风险因素 <——过程因素	1.544	.743	.157	9.845	***	par_ 10

注：*** 表示 P < .001。

表 4.13　　　　　　　　　　假说的验证情况

	假说内容	验证情况
假说 1	成员因素对利益分配契约绩效有直接的正向显著影响	通过
H1a	工作努力水平对利益分配契约绩效有直接的正向显著影响	通过
H1b	讨价还价能力对利益分配契约绩效有直接的正向显著影响	通过
H1c	对价值链的投入对利益分配契约有直接的正向显著影响	通过
假说 2	过程因素对利益分配契约绩效有直接的正向显著影响	通过
H2a	合作模式对利益分配契约绩效有直接的正向显著影响	通过
H2b	对价值链的贡献对利益分配契约有直接的正向显著影响	通过
H2c	惩罚措施对利益分配契约绩效有直接的正向显著影响	通过
H2d	风险因素对利益分配契约绩效有直接的正向显著影响	通过

（六）模型解释

由统计检验结果可知，本书提出的"影响因素—利益分配契约绩效"概念模型中的九个假设都通过了检验，说明概念模型得到了较好的验证。具体分析如下：

（1）通过实证研究发现，成员因素、过程因素与 PVR-VC 利益分配契约绩效之间存在显著的正向影响关系。这表明 PVR-VC 的合作成员要想达成绩效良好的利益分配契约，就必须慎重考虑成员的工作努力水平、讨价还价能力、对价值链的投入与贡献、彼此间的合作模式、风险因素以及适当的惩罚措施等方面的问题。

（2）在价值链经济效益、契约适应力和合作关系对利益分配契约绩效的作用关系中，合作关系和契约适应力的路径系数偏大。可见，在对 PVR-VC 利益分配契约绩效的判断过程中，价值链整体的经济效益并不是最重要的，成员间稳定的合作关系以及利益分配契约的适应性才是关键所在。

（3）在成员努力水平、讨价还价能力和对价值链的投入对成员因素的作用关系中，成员努力水平和讨价还价能力的路径系数达到了0.8以上，可见这两个因素对利益分配契约有着较大程度的影响。但让人意外的是，对价值链投入的路径系数偏小。

（4）在合作模式、对价值链的贡献、风险因素和惩罚措施对过程因素的作用关系中，惩罚措施的路径系数最小。其原因可能在于：惩罚是一种负强化，局限性较大，主要表现在不可避免地导致被惩罚者出现挫折行为和挫折心理，影响其积极性，以致使合作成员关系激化，不利于 PVR-VC 的稳定运行。因此，在惩罚措施的安排上，要特别注意其消极影响。

（5）本书构建的初始模型拟合效果并不是很好，但经过修正，建立了惩罚措施与风险因素之间的相关关系后，模型拟合效果良好。这与理论是一致的。当成员未完成契约约定的目标时，可以对其进行适度的惩罚；但较好的做法是，在惩罚的时候要考虑该成员所承担的风险。

（七）模型应用

本章实证分析的目的是给 PVR-VC 利益分配契约模型寻找必要的、正确的契约参数。七个假说（$H1a$、$H1b$、$H1c$、$H2a$、$H2b$、$H2c$ 和 $H2d$）均通过了验证，说明在设计 PVR-VC 利益分配契约时，成员工作努力水平、讨价还价能力、合作模式、对价值链的投入与贡献等七个影响因素（变量）均需要在契约模型中有所考虑。结合博弈分析的特点，这七个变量中有的要设定为已知，有的要设定为动态变量，还需要讨论其最优值。本书借鉴相关领域的研究思路，将这七个变量映射在博弈模型中，具体情况如下：

（1）工作努力水平。这一变量一直是学者们关注的焦点，包括研发努力水平和销售努力水平。依照学者们的观点，育种方的研发努力水平能较大地影响品种权的价值，而销售努力水平能极大地影响种植农户对新品种的需求量。这些都将影响整个 PVR-VC 的经济效益，从而影响各成员的利益分配情况。因此，本书将在第 I 和第 II 阶段分别讨论育种方和分销商的最优工作努力水平。

（2）讨价还价。讨价还价能力贯穿整个契约谈判过程，通过彼此讨价还价能力的影响，使得契约尽可能地朝着既有利于己方又有利于对方的方向发展。

（3）对价值链的投入。本书将"对价值链的投入"界定在一个较小的范围内（详见第三章），它实际上就是各合作成员方的生产成本或固定的销售成本，在博弈模型中通常设定为已知。

（4）合作模式。合作模式分为两类：育种方与种子企业间的研发利益分配模式以及种子企业与分销商间的销售返利模式。目前的研发利益分配模式主要分为固定支付模式、混合支付模式和产出分享模式，因此本书主要围绕这三种模式讨论最优研发合作模式。而销售返利模式主要讨论返利系数、退货策略。

（5）对价值链的贡献。主要包括种子企业的监督成本、育种方的研发创新成本以及分销商的努力成本等。该变量强调成员对价值链系统的贡献，主要是通过其工作努力水平来衡量的。

（6）惩罚措施。基于本章的结论，本书考虑在 PVR-VC 利益分配契约的设计过程中引入"惩罚因子"。在 PVR-VC 第 I 阶段，技术风险较大，育种方本身承担着较重的研发成本，并不能单纯以研发失败或成功来衡量其行为，因此对其实行惩罚的消极作用要大于积极作用，而第 II 阶段要相对简单些。

（7）风险因素在结构方程模型中实际上考虑的是"风险分担"。不同类型的风险存在着不同类型的成本，如研发创新成本对应技术风险等。目前，在委托人就代理人因承担风险而给予的补偿机制中，分成制正日益受到重视。

七　本章小结

本章依据植物品种权价值链利益分配契约的影响因素、利益分配契约绩效的相关分析，利用结构方程模型对植物品种权价值链利益分配契约的影响因素与利益分配绩效之间的相关性进行了实证分析，得出如下结论：工作努力水平、讨价还价能力、对价值链的投入与贡献、合作模式、销售返利模式、惩罚措施和风险因素七个方面对植物品种权价值链利益分配契约绩效均存在直接的正向显著影响。其中，惩罚措施与风险因素存在相关性。

第五章　植物品种权价值链利益分配契约设计的博弈分析

博弈论是构建 PVR-VC 利益分配契约的最佳工具。从现有文献来看，绝大多数学者也是借用博弈论方法来研究组织成员间的利益分配（利益共享）问题的。其原因在于，博弈论是运用数学方法来描述所研究的问题，所提示的结论与现实较为接近，具有一定的真实性，因而成为对行为主体间复杂过程进行建模的最适合工具。博弈论最大的特点就是将现实中人们的决策进行高度抽象，进而研究行为人的策略选择问题。博弈论研究补充紧扣了问题的关键和本质。

一　植物品种权价值链利益分配契约设计流程

（一）基于基本链的 PVR-VC 利益分配契约分析

这里，为了讨论问题方便，而又不使其失去一般性，笔者定义了植物品种权基本价值链（简称"基本链"）的概念。它同时包含品种研发方（或育种方）、种子制造方和种子销售方，能够完成从新品种研发或品种权的转让到良种的加工、包装、贮藏、标准化生产，再到把种子销售给最终用户的价值链，即三层 PVR-VC（如图 5.1 所示）。只包含或少于两个节点的二层价值链可以认为是基本链的整合，多于三个节点的价值链是基本链的扩展。从基本链来看，种子企业是品种权载体变化的中转站。

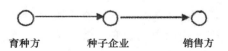

图 5.1　基本链结构模型

在育种方 → 种子企业阶段，品种权经过概念阶段、创造阶段、保护阶段，进入商品化阶段，也就是说，包含品种权从实验室研究开发直至转让试验和进一步放大、为商品化生产做准备的各个环节，仍然是以智力成果为载体。这一阶段有明显的产学研特点，这时双方的利益分配表现出不同于一般商品的性质。具体体现在：①在这一阶段，合作双方都投入己方具有相对优势的资源，并以不同方式采取行为决策，导致资源投入和育种活动的界面不明晰，责任不明确，容易高估自己的投入而低估对方的投入，这样就很难在利益分配方案中达成共识。②由于 PVR-VC 的多方向性和链接可间断性（见第二章），育种方和种子企业的合作实质上有一种事前性，是未来在技术上和市场上能否成功尚未明确的情况下所达成的一种关于智力成果的事前市场交易，这一风险性在双方的利益分配方案中如何体现是个重点。③育种方作为品种供给方，对预期成果的技术过程、技术含量、技术价值等有更直接的了解，而种子企业作为品种需求方，对这些信息的了解有所欠缺；种子企业拥有更多的市场信息，而育种方远离市场，对市场信息了解甚少且应变能力差，因此，信息不对称既是双方合作的基础和前提，也是确定双方利益分配方案的难点。④双方所承担的成本不同，除了一般的固定成本外，育种方承担的技术风险成本较高，而种子企业承担的监督成本、搜寻成本（即种子企业寻找能研发满足农户需求的合作创新伙伴）、市场风险成本较高，这种成本核算的不一致性在利益分配方案中应有所体现。

在种子企业 → 销售方阶段，品种权以种子为物质载体，进入商品化和市场化阶段，最后进入种植农户手中完成消费这一阶段表现为一般的制销关系，这时双方的利益分配表现出一般商品供需之间的利益分配性质。具体体现在：①这一阶段品种权以载体种子的形式在 PVR-VC 上流转，双方的利润更多地表现为买卖的差价，计算更为直观。②种子企业 → 销售方阶段的搜寻成本较低，彼此之间本来就有较稳定的合作关系，并不是因一个项目而联系在一起，关系较为固定。③这个阶段的合作模式较为简单，种子企业大批量繁殖新种子，经过加工、贮藏、运输等环节，以批发价将良种卖给销售方，销售方再以一定的加价将种子卖给下一级经销商或直接卖给种植农户。当然，如果种子企业想通过一定的激励措施，刺激销售商的销售积极性，就需要通过其他手段来达到目的了，如返利等。

为了表述的方便，本书将育种方 → 种子企业阶段称为"PVR-VC第Ⅰ阶段"，种子企业 → 销售方阶段称为"PVR-VC第Ⅱ阶段"。

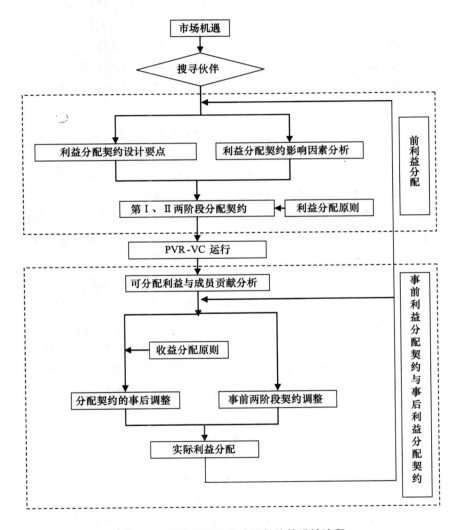

图 5.2　PVR-VC 利益分配契约的设计流程

（二）PVR-VC 利益分配契约设计流程

本章沿着一定的设计流程（如图 5.2 所示），基于契约设计要点、利益分配原则及影响因素考虑，从两个阶段（第 I 阶段和第 II 阶段）分别讨论了事前契约的安排；若 PVR-VC 能顺利运行，则在价值链任务完成后，基于可分配利益及成员贡献的分析，讨论事后契约的安排。需要说明的两点是：首先，本章侧重于事前契约的利益分配博弈分析，并没有涉及其事后调整问题，这有待在后续的研究中加以完善；其次，事后契约分配的利益主要是一部分不可转移收益或事前没有预料的收益。

二　植物品种权价值链第 I 阶段利益分配契约的博弈分析

PVR-VC 第 I 阶段的利益分配契约是指种子企业与育种方之间在一定时期内"共享信息、共担风险、共同获利"的协议关系。一般来说，育种方与种子企业需要先选定合作模式，在既定合作模式下，确定最优分配系数以及双方的最优工作努力水平。基于第四章对研发模式的分析，可以判断：种子企业若选择了固定支付模式，育种方可以较快获得收益，利益分配简单、快捷（不需要再进行下一步）；若选择了混合支付模式，育种方和种子企业之间的利益分配问题较为复杂，利益分配模式的确定仅是第一步，还需要具体到利益分配契约参数的设置。

因此，本节用博弈论方法构建第 I 阶段利益分配契约时，大体分两步：第一步，确定混合利益分配模式下的最优分配系数以及双方的最优工作努力水平；第二步，引入新的变量，改进初始模型。

（一）第 I 阶段最优利益分配系数

这里基于混合利益分配模式，选取了工作努力水平、工作贡献系数、创新性成本系数、利益分配系数等能够反映创新运行过程的有关参数，采用博弈论的相关理论，建立了 PVR-VC 第 I 阶段利益分配的最优契约安排。实际上，最优契约安排的过程，就是完成最优契约参数设置的过程。

假设 1：研究收益分配，首先要做的是成本分析。假设这里存在四类成本：生产成本、创新成本、监督成本和风险成本。生产成本包括显性成本和隐性成本（这样主要是为了模型建立的方便）。显性成本是指计入账内的、看得见的实际支出，例如育种科研支出费用、各类品种试验费用、品种审定费用、种子生产费用、种子市场营销费用等。另外，从现代经济学和现代管理学更加开阔的视野来分析成本，会发现许多成本尚未被重视，如育种方案设计错误、品种试验失败、种子贮藏不当等带来的成本增加，相对于显性成本来说，这些成本隐蔽性大，难以避免、不易量化，即隐性成本。创新成本是育种方和种子企业在研发合作过程中由于自身的创新行为而产生的成本。监督成本是在信息不对称情况下，种子企业防范育种方的败德行为所付出的成本。风险成本是研发合作过程中一方防范风险所付出的成本，一般认为，种子企业是风险中性，育种方是风险规避型，在模型中只考虑育种方的风险成本。这里在建立利益分配模型时，为了运算的方便，在计算育种方的成本时，只考虑其生产成本、创新成本和风险成本；而在计算种子企业的成本时只考虑其生产成本、创新成本和监督成本。

假设2：育种方和种子企业所付出的生产成本分别用常数 C_{p0}，C_{c0} 表示。

假设3：育种方和种子企业的工作努力水平分别为 e_p，e_c，工作贡献系数分别为 τ_p，τ_c。

假设4：育种方的主要任务是进行育种创新，而且创新成本与育种方的工作努力水平 e_p 是相关的。设育种方的创新性成本系数是 β_p（$0 \leq \beta_p \leq 1$），则其创新成本可表示为 $C_{p1} = \frac{1}{2}(\beta_p e_p)^2$，这里在函数表达式中加入 $\frac{1}{2}$ 是为了运算的方便，不影响各变量之间的关系。同理，种子企业的创新成本可表示为 $C_{c1} = \frac{1}{2}(\beta_c e_c)^2$（$\beta_c$ 是种子企业的创新性成本系数）。

假设5：育种方和种子企业彼此间存在委托—代理关系，种子企业为委托方，育种方为代理方。由于信息的不对称，育种方存在可能有损委托方利益的投机行为。为了防范这种行为，种子企业需要付出一定的监督成本，引入监督成本函数 $M(\sigma^2) = \dfrac{m}{\sigma^2}$，① 其中 m 为监督的困难程度，m 越大则实施有效监督的难度越大；σ^2 为合作创新产出函数的方差。监督成本与双方的工作努力水平无关。

假设 6：PVR-VC 第 I 阶段的总收益用 V 表示，满足 $V(e_p, e_c) = \dfrac{1}{2}(e_p\tau_p + e_c\tau_c)^2 + (e_p\tau_p + e_c\tau_c) + \eta$。这里 η 是环境随机干扰变量，设其服从正态分布 $N(0, \delta^2)$。

假设 7：育种方和种子企业在第 I 阶段的收益分别用 V_P，V_c，则它们的利润分别用 $\pi(V_P)$，$\pi(V_c)$ 表示。

假设 8：育种方的利益分配系数 $b(0 \leqslant b \leqslant 1)$，则种子企业的分配比例为 $1—b$。

假设 9：一般来说，种子企业的抗风险能力比较强，而育种方的抗风险能力是比较弱的。所以，可以把种子企业设定为风险中性，即不存在风险成本。此时的期望效用就相当于期望收益。

假设 10：设育种方为风险规避型，存在风险成本。在新品种研发过程中，育种方承担着较大的研发失败风险，因此在模型中引入育种方的综合风险很重要。考虑在其合作收益中扣除综合风险成本，用 k 表示育种方的风险系数，那么其综合风险成本函数就可以表示为：$C_r(V_p) = \dfrac{1}{2} \times k \times Var(V_p) = \dfrac{1}{2}kb^2\delta^2$。

假设 11：种子企业支付给育种方的固定报酬为 C_0。

假设 12：育种方的保留利润为 $\pi(V_{p0})$，对应的保留效用为 $E[\pi(V_{p0})]$，即育种方不参加价值链合作时的效用。

定义双方选择以集体利益为目标的行动策略为合作，以个体利益为目标的行动策略为非合作。在确定的利益分配方案中，双方各自确定自己的努力水平，以使自身的净收益最大，这是一个非合作博弈过程。在这个非合作博弈过程中，有两个问题需要研究：①各自最优的工作努力水平 e_p^*，e_c^* 是多少？②最合理的利益分配系数 b^*，$1 - b^*$ 是多少？

---

① 范鹏飞、赵怀罡：《委托—代理理论中的监督问题及其应用》，《南京邮电学院学报》（自然科学版）2000 年第 4 期。

1. 模型构建

第Ⅰ阶段的总收益表达式为：

$$V = \frac{1}{2}(e_p\tau_p + e_c\tau_c)^2 + (e_p\tau_p + e_c\tau_c) + \eta \qquad (5—1)$$

育种方的利润表达式为：

$$\pi(V_p) = bV - C_{p0} - \frac{1}{2}kb^2\delta^2 - \frac{1}{2}(\beta_p e_p)^2 + C_0 \qquad (5—2)$$

种子企业的利润表达式为：

$$\pi(V_c) = (1-b)V - C_{c0} - \frac{1}{2}(\beta_c e_c)^2 - M - C_0 \qquad (5—3)$$

第Ⅰ阶段的总利润表达式为：

$$\pi(V) = \pi(V_p) + \pi(V_c) \qquad (5—4)$$

将式（5—2）和式（5—3）代入式（5—4），可得：

$$\pi(V) = V - C_{p0} - \frac{1}{2}kb^2\delta^2 - \frac{1}{2}(\beta_p e_p)^2 - C_{c0} - \frac{1}{2}(\beta_c e_c)^2 - M$$
$$(5—5)$$

　　种子企业作为主导方，在整个博弈过程中具有先发优势，可以审时度势地决定是否与育种方签订合同，以及签订什么样的合同。这样合同就直接决定了育种方关于收益的期望值，育种方据此对自己可以选择的行动 e_p 的收益和成本进行比较，选择对应的行动。所以，要实现自身期望效用的最大化，种子企业必须考虑自己的措施对于育种方 e_p 的影响。一方面，育种方会采取措施实现自己期望效用的最大化，这对种子企业而言就是育种方的激励相容约束条件（ IC ）；另一方面，育种方加入 PVR-VC 后的期望收益要大于、至少不小于加入前的收益 $\pi(V_{p0})$ ，否则他就不会加入这一价值链，这就是育种方的个人理性约束条件（ IR ）。

　　将种子企业期望效用最大化作为目标，构建第Ⅰ阶段利益分配模型的目标函数。育种方对任何利益分配机制的评判都是以自身效用最大化为标准的，都是以效用最大化为决策动力，从而选择自己的理性行为。依据上述一系列假设条件和育种方的两个约束条件，可以建立 PVR-VC 第Ⅰ阶段的利益分配模型如下：

$$\max E[\pi(V_c)] \qquad (5—6)$$

$$s. t. (IR) \ E[\pi(V_p)] \geqslant E[\pi(V_{p0})] \qquad (5\text{—}7)$$

$$(IC) \ \max E[\pi(V_p)] \qquad (5\text{—}8)$$

$$e_p \in \mathrm{argmax} E[\pi(V_p)]$$

下面我们将根据上述模型框架，具体设计第 I 阶段利益分配的最优契约安排。首先分析育种方和种子企业的最优工作努力水平，然后分析最优利益分配系数。

2. 最优工作努力水平 $e_p{}^*$，$e_c{}^*$ 的确定

采用博弈论中的逆推法，假定利益分配系数 b 已经确定，也就是在利益分配方案已定的情况下，育种方和种子企业各自选择自己的最优工作努力水平，从而追求自身效用最大化。

根据式（5—6），求解 $\dfrac{\partial \pi(V_c)}{\partial e_c} = 0$ 可得：

$$(1 - b)(e_p \tau_p + e_c^* \tau_c + 1)\tau_c = \beta_c^2 e_c \qquad (5\text{—}9)$$

整理可得：$e_c^* = \dfrac{(1 - b)(e_p \tau_p + 1)\tau_c}{\beta_c^2 - (1 - b)\tau_c^2} \qquad (5\text{—}10)$

根据式（5—8），求解 $\dfrac{\partial \pi(V_p)}{\partial e_p} = 0$ 可得：

$$b(e_p^* \tau_p + e_c \tau_c + 1)\tau_p = \beta_p^2 e_p \qquad (5\text{—}11)$$

整理可得：$e_p^* = \dfrac{b(e_c \tau_c + 1)\tau_p}{\beta_p^2 - b\tau_p^2} \qquad (5\text{—}12)$

e_p^*，e_c^* 分别表示育种方和种子企业为追求自身利益最大化（不考虑合作策略）时的努力水平，即最优工作努力水平。

对比式（5—9）和式（5—11），可得到：

$$\frac{e_p^*}{e_c^*} = \frac{b}{1 - b} \times \frac{\tau_p}{\tau_c} \times \left(\frac{\beta_c}{\beta_p}\right)^2 \qquad (5\text{—}13)$$

将式（5—13）代入式（5—10）和式（5—12），可得：

$$e_p^* = \frac{b\tau_p \beta_c^2}{\beta_p^2 \beta_c^2 - (1 - b)\beta_p^2 \tau_c^2 - b\beta_c^2 \tau_p^2} \qquad (5\text{—}14)$$

$$e_c^* = \frac{(1 - b)\beta_p^2 \tau_c}{\beta_p^2 \beta_c^2 - (1 - b)\beta_p^2 \tau_c^2 - b\beta_c^2 \tau_p^2} \qquad (5\text{—}15)$$

从式（5—13）、式（5—14）、式（5—15）中可以得出以下结论：

结论 5.1：在 PVR-VC 第 I 阶段，育种方和种子企业在追求自身收益最大化时的工作努力水平，与各自的利益分配比例成正比，与各自的工作贡献系数成正比，与创新成本系数成反比。也就是说，育种方（或种子企业）的利益分配系数越大，工作贡献系数越大，创新成本系数越小，其愿意付出的工作努力水平就越大。

证明：由式（5—13）$\dfrac{e_p^*}{e_c^*} = \dfrac{b}{1-b} \times \dfrac{\tau_p}{\tau_c} \times \left(\dfrac{\beta_c}{\beta_p}\right)^2$ 可推出结论。结论 5.1 证毕。

3. 最优利益分配系数 b^* 的确定

为满足自身效用最大化，育种方和种子企业选择了自己的最优工作努力水平。接着，我们仍然可以采用逆推法，求解出最优利益分配系数 b^*。

将式（5—1）代入式（5—5），可得：

$$\pi(V) = \frac{1}{2}(e_p\tau_p + e_c\tau_c)^2 + (e_p\tau_p + e_c\tau_c) + \eta - C_{p0} - \frac{1}{2}kb^2\delta^2 - \frac{1}{2}(\beta_p e_p)^2 - C_{c0} - \frac{1}{2}(\beta_c e_c)^2 - M$$

且已求得 e_p^* 和 e_c^*，设 $K = \beta_p^2\beta_c^2 - (1-b)\beta_p^2\tau_c^2 - b\beta_c^2\tau_p^2$，分别求解 $\dfrac{\partial \pi(V)}{\partial e_p^*}$，$\dfrac{\partial \pi(V)}{\partial e_c^*}$，可得：

$$\frac{\partial \pi(V)}{\partial e_p^*} = \frac{b\beta_c^2(\tau_p^2 - \beta_p^2) + (1-b)\beta_p^2\tau_c^2 + K}{K}\tau_p \quad (5—16)$$

$$\frac{\partial \pi(V)}{\partial e_c^*} = \frac{b\beta_c^2\tau_p^2 + (1-b)\beta_p^2(\tau_c^2 - \beta_c^2) + K}{K}\tau_c \quad (5—17)$$

已知，当满足 b^* 时，PVR-VC 第 I 阶段的利润 $\pi(V)$ 达到最大化，即 $\dfrac{\partial \pi(V)}{\partial b} = 0$。

且 $\dfrac{\partial \pi(V)}{\partial b} = \dfrac{\partial \pi(V)}{\partial e_p^*} \times \dfrac{\partial e_p^*}{\partial b} + \dfrac{\partial \pi(V)}{\partial e_c^*} \times \dfrac{\partial e_c^*}{\partial b} \quad (5—18)$

由式（5—14）可得：$\dfrac{\partial e_p^*}{\partial b} = \dfrac{\tau_p\beta_c^2K - b\tau_p\beta_c^2(\beta_p^2\tau_c^2 - \beta_c^2\tau_p^2)}{K^2}$

由式（5—15）$\dfrac{\partial e_c^*}{\partial b} = -\dfrac{\beta_p^2\tau_cK + (1-b)\beta_p^2\tau_c(\beta_p^2\tau_c^2 - \beta_c^2\tau_p^2)}{K^2}$

此时，再求解 $\dfrac{\partial \pi(V)}{\partial b} = 0$ ，可得：

$$b^* = \frac{\tau_p^2(\beta_c^2 - \tau_c^2)}{\tau_p^2(\beta_c^2 - \tau_c^2) + \tau_c^2(\beta_p^2 - \tau_p^2)} \tag{5—19}$$

则 $1 - b^* = \dfrac{\tau_c^2(\beta_p^2 - \tau_p^2)}{\tau_p^2(\beta_c^2 - \tau_c^2) + \tau_c^2(\beta_p^2 - \tau_p^2)}$ $\qquad$ （5—20）

从式（5—19）和式（5—20）中进一步分析最优利益分配系数与 τ,β 之间的关系，可以得出以下结论：

结论 5.2：PVR-VC 第 I 阶段的利益分配系数 b 随育种方工作贡献系数的增大而增大，随育种方创新成本系数的增大而减小。

证明：由式（5—19）求解 $\dfrac{\partial b^*}{\partial \tau_p}$ ，可得 $\dfrac{\partial b^*}{\partial \tau_p} > 0$ ， b^* 与育种方的工作贡献系数成正比，随育种方工作贡献系数的增大而增大。求解 $\dfrac{\partial b^*}{\partial \beta_p}$ ，可得 $\dfrac{\partial b^*}{\partial \beta_p} < 0$ ， b^* 与育种方的创新成本系数成反比，随育种方创新成本系数的增大而减小。结论 5.2 证毕。

结论 5.3：PVR-VC 第 I 阶段的利益分配系数 b 随种子企业工作贡献系数的增大而减小，随种子企业创新成本系数的增大而增大。

证明：由式（5—19）求解 $\dfrac{\partial b^*}{\partial \tau_c}$ ，可得 $\dfrac{\partial b^*}{\partial \tau_c} < 0$ ， b^* 与种子企业的工作贡献系数成反比，随种子企业工作贡献系数的增大而减小。求解 $\dfrac{\partial b^*}{\partial \beta_c}$ ，可得 $\dfrac{\partial b^*}{\partial \beta_c} > 0$ ， b^* 与种子企业的创新成本系数成正比，随种子企业创新成本系数的增大而增大。结论 5.3 证毕。

结论 5.4：PVR-VC 第 I 阶段的组织成员（育种方和种子企业）所获得的收益，随其工作贡献系数的增大而增大，随其创新成本系数的减少而增大。

证明：由结论 5.2 和结论 5.3 可推出此证明。

4. 结论

本节基于混合利益分配模式，选取了工作努力水平、工作贡献系数、创新性成本系数、利益分配系数等能够反映创新运行过程的有关参数，采用博弈论的相关理论，建立了 PVR-VC 第 I 阶段利益分配的最优契约安排。通过对模型的深入分析，得出四个结论（结论 5.1、5.2、5.3 和 5.4）。归纳起来，有两点收获：①得出了利益分配系数、工作努力水平的表达式；②从表达式的比较中发现，根据不同的利益分配系数、不同的创新成本系数、不同的工作贡献系数，育种方会选择不同的工作努力水平，从而影响到育种方在第 I 阶段的育种积极性。这里就引入了新的问题——如何进一步刺激育种方在第 I 阶段的育种积极性呢？

由于从品种设计、研发到繁殖的整个过程越来越多地需要育种方的参与，所以育种方的创新能力对于种子企业对市场需求的变化作出快速反应至关重要，种子企业需要刺激育种方不断提高自己的创新能力。而且通过第四章的实证分析可知，风险分担对利益分配契约存在显著的正向影响。因此，本书在契约设计时，考虑对技术风险的分担，即对育种方的研发创新成本进行补贴。

（二）第 I 阶段利益分配契约的改进——引入创新成本补贴因子

育种方的育种研发创新能力对于种子企业快速反映市场需求的变化至关重要。由于从品种设计、研发到繁种的整个过程越来越多地需要育种方的参与，种子企业需要刺激育种方提高其自身的研发创新能力。那么，如何有效刺激育种方的研发积极性呢？通过怎样一种有效的激励机制以诱使育种方按照种子企业的意愿进行研发呢？最简单的方式就是种子企业分摊育种方的创新成本（即分担技术风险），通过技术创新成本补贴的方式可以刺激育种方育种创新的积极性。因此，本节引入"创新成本补贴因子"，改进上文的利益分配契约，以提高育种方的研发积极性，促进 PVR-VC 第 I 阶段的总收益达到帕累托最优。

1. 问题描述与假设

本节仍然基于混合利益分配模式，仍然沿袭上文的思路，只是为了讨论的方便和运算简便，在模型构建上加以变动。

假设 1：假设如果育种方的育种创新工作圆满完成，种子企业会给予它一定的育种创新补贴。设育种创新补贴因子为 t，即育种创新补贴系数，$0 \leqslant t \leqslant 1$。

假设 2：本节着重考察种子企业对育种方技术创新成本的分摊问

题，因此在第 I 阶段的变动成本上只考虑育种方的创新成本 $\frac{1}{2}(\beta_p e_p)^2$，其余成本均设为常数，不考虑其变动性，因为它们都与创新成本补贴因子无关，所以这一变动不影响模型分析及模型解。育种方除创新成本以外的成本用 C_p 表示，种子企业的成本用 C_c 表示，两者均为常数。

假设 3：假设市场结构为完全竞争市场，D 为完全竞争市场下的市场需求，即种子企业最大的种子生产能力，设其为常数。

假设 4：假设育种方除了因创新成本的付出而获得的收益外，其余收益为常数 V'_p，与 t 无关。设育种方研发的新品种给种子企业每单位种子生产带来的收益为 re_p，其中 r 表示育种方工作努力水平的边际收益，则育种方因创新成本的付出而获得的收益可表示为 Dre_p。

假设 5：本节着重考察种子企业对育种方技术创新成本的分摊问题，所以在本节的模型构建中不考虑种子企业的工作努力水平。假设种子企业在第 I 阶段所得收益为 V'_c，由于其与 t 无关，这里设其为常数。

2. 模型构建与分析

基于上述的假设条件，与上文相比，育种方和种子企业的利润表达式发生了变化，第 I 阶段的总收益和总利润表达式也发生了变化。

第 I 阶段的总收益表达式为：

$$V = Dre_p + V'_p + V'_c + \eta \qquad (5—21)$$

育种方的利润表达式为：

$$\pi(V_p) = bV - \frac{1}{2}(\beta_p e_p)^2(1 - t) \qquad (5—22)$$

种子企业的利润表达式为：

$$\pi(V_c) = (1 - b)V - \frac{1}{2}(\beta_p e_p)^2 t \qquad (5—23)$$

第 I 阶段的总利润表达式为：

$$\pi(V) = V - \frac{1}{2}(\beta_p e_p)^2 = Dre_p + V'_p + V'_c - \frac{1}{2}(\beta_p e_p)^2 + \eta \quad (5—24)$$

在现实中，通常种子企业先提出给育种方育种创新补贴，然后育种方会根据种子企业补贴水平来重新确定自己的工作努力水平。这是一个非合作 Stakelberg 博弈过程。种子企业对育种方承诺提供技术创新成本费用，给予补贴 $\dfrac{1}{2}(\beta_p e_p)^2 t$，并且已知种子企业向育种方保证新品种推向市场销售后的收益分配比例为 b。在种子企业确定 t 后，育种方会再次调整自己的工作努力水平 e_p。

由式（5—21）求解 $\dfrac{\partial \pi(V_p)}{\partial e_p} = 0$，可得：

$$e_p = \frac{bDr}{(1-t)\beta_p^2} \qquad (5\text{—}25)$$

由于 $\dfrac{\partial e_p}{\partial t} = \dfrac{bDr}{(1-t)^2\beta_p^2} > 0$，可知育种方的工作努力水平 e_p 与补贴因子 t 之间正相关，即补贴因子 t 越大，育种方的工作努力水平就越大；反之，育种方的工作努力水平就越低。

结论 5.5：在 PVR-VC 第 I 阶段的利益分配中，种子企业为激励育种方的技术创新投入力度，可以以契约形式向育种方承诺较高的创新成本补贴，即分摊较多的育种创新成本。

在第二阶段，育种方根据种子企业所确定的创新成本补贴因子 t，调整自己的工作努力水平。

将式（5—25）代入式（5—23），求解 $\dfrac{\partial \pi(V_c)}{\partial t} = 0$，可得：

$$t^* = \frac{2-3b}{2-b} \qquad (5\text{—}26)$$

已知 $0 \leqslant t \leqslant 1$，$\therefore 0 < b < \dfrac{2}{3}$

将式（5—26）代入式（5—25），可得：

$$e_p^* = \frac{(2-b)Dr}{2\beta_p^2} \qquad (5\text{—}27)$$

显然，非合作博弈均衡解是 $N(t^*, e_p^*) = \left| (t^*, e_p^*) \mid \left(\dfrac{2-3b}{2-b}, \dfrac{(2-b)Dr}{2\beta_p^2} \right) \right|$。可见，在非合作博弈的情况下，即不考虑 PVR-VC 第 I 阶段整体利益最大化的条件下，种子企业给育种方的最优创新成本补贴因子 t^* 的表达式为 $\dfrac{2-3b}{2-b}$，此时，育种方的利益分配系数 b 有一个范围的限制，必

须满足 $0 < b < \dfrac{2}{3}$。

将式（5—27）代入式（5—21）、式（5—22）和式（5—23），可得

$$V^* = Dr\frac{(2-b)Dr}{2\beta_p^2} + V_p' + V_c' + \eta \qquad (5—28)$$

$$\pi(V_p^*) = bV^* - \frac{1}{2}\Big[\frac{(2-b)Dr}{2\beta_p}\Big]^2(1-t) \qquad (5—29)$$

$$\pi(V_c^*) = (1-b)V^* - \frac{1}{2}\Big[\frac{(2-b)Dr}{2\beta_p}\Big]^2 t \qquad (5—30)$$

$$\pi(V^*) = Dr\frac{(2-b)Dr}{2\beta_p^2} - \frac{1}{2}\Big[\frac{(2-b)Dr}{2\beta_p}\Big]^2 + V_p' + V_c' + \eta$$
$$\qquad (5—31)$$

3. 结论

育种方所承担的创新成本被分摊也是 PVR-VC 第 I 阶段能否顺利运行的关键所在。通过对上文的博弈模型进行完善，引入创新成本补贴因子可以刺激育种方的育种创新积极性。研究发现：在确定利益分配系数后，种子企业给育种方的最优创新成本补贴因子为 $\dfrac{2-3b}{2-b}$，且满足条件 $0 < b < \dfrac{2}{3}$。

三　植物品种权价值链第 II 阶段利益分配契约的博弈分析

PVR-VC 第 II 阶段具有一般商品制销（制造—销售）阶段的特点，简单来说，就是种子公司扮演种子供应商的角色，负责制种、繁种，而分销商负责销售种子。与第 I 阶段相比，第 II 阶段具有更典型的供应链特征。供应链契约一直是供应链管理领域研究的重要内容，也是当前理论界的焦点。因此，有关 PVR-VC 第 II 阶段利益分配契约的设计，本书有大量成熟的供应链契约模型可以引用。卡琼（Cachon，2002）对常见的供应链契约进行了归纳总结，其中典型的契约模型有批发价格契约（Wholesale Contract）、回购契约（Buyback Contract）、数量折扣契约

（Quantity Discount Contract）、期权契约（Options Contract）、销售回扣契约（Sales Rebate Contract）、收入共享契约（Revenue Sharing Contract）、数量弹性契约（Quantity Flexiblility）等（如表 5.1 所示）。

表 5.1　　　　　　　　　　　典型的供应链契约类型

契约类型	相关文献
收入共享契约	Cachon 等（2000）；Yigal Gerchak 等（2004）；Giannoccaro 等（2004）
数量折扣契约	Crowther（1964）；Monahan（1984）；Lee 和 Rosenblatt（1986）；Jolekar（1988）；Lal 等（1984）；Banerjee（1986）；Kohli 等（1994）；Hahn 等（2004）
回购契约	Pasternack（1985）；Emmons 等（1998）；Tsan-Ming Choi 等（2004）
数量弹性契约	Tsay（1999）；何勇等（2006）
期权契约	Barnes-Schuster 等（2002）；常志平等（2004）；马士华等（2004）
销售回扣契约	Taylor（2002）
批发价格契约	Lariviere（1999，2001）；Cachon（2003）

　　通过缔结契约，可以使链上各成员规范自己的决策行为，并统一于系统整体框架内。但契约在协调价值链的过程中，往往会使得某个节点成员的期望利润受到损害。因此，本书在设计 PVR-VC 第Ⅱ阶段的利益分配契约时，尝试将多种有效的契约模型组合起来，寻找第Ⅱ阶段的帕累托最优集，使得在实现协调价值链的同时优化成员的期望利润，达到一个相对平衡的状态。这就是本章研究工作的着眼点。归纳起来，在本节所构建的第Ⅱ阶段利益分配契约中，会引入收益共享契约中的利益分配系数、数量折扣契约中的折扣系数（即返利系数）、退货契约中的订货量和退货价格等。

（一）第Ⅱ阶段最优利益分配系数

　　种子企业采用收益共享机制可使整个 PVR-VC 第Ⅱ阶段得到协调。卡琼和拉里维埃（Cachon & Lariviere，2005）给出了收益共享契约的一般框架，与传统的协调方案相比，收益共享机制能产生更好的效果。[①]
在收益共享契约下种子企业制定的批发价格要低于其生产成本，而且当
分销商是风险规避者时，分销商期望种子企业能给予较低的批发价格，
因而宁愿让种子企业分享其销售收入。种子企业通过分享分销商的销售
收入，可以有效降低种子批发价，吸引分销商订购更多的种子，并且种
子企业通过调节批发价和利益分配系数可以在协调 PVR-VC 的前提下任
意划分第Ⅱ阶段的总利润。

1. 问题的描述与假设

基于前文的分析可知，在 PVR-VC 第Ⅱ阶段，种子企业占主导地
位。在非完全竞争市场条件下，由于种子销售量与种子企业的种子批发
价以及分销商在批发价上的加价（两者之和为零售价）都相关，为兼
顾种子批发价与分销商在此基础上加价的影响，即保持商品需求函数的
一般特性，又便于分析与研究，笔者将一般商品的需求表达式 $Q = a - bp$ 变形为 $Q = a - b(p_1 + p_2)$，其中 p_1 为种子企业将种子批发给分销商
的批发价，p_2 为分销商在 p_1 基础上的加价。种子企业占主导地位时，它
会利用自身资源等优势与分销商不断地博弈，在行使渠道领袖权力的过
程中占有分销商的 λ 部分利润。因此，博弈后，种子企业的利润来源
有两部分，即生产领域的利润加上销售渠道利润的分享；而分销商的利
润仅来源于销售领域。

假设第Ⅱ阶段由一个种子企业、一个分销商所组成，且经营唯一品
种的生产与销售；不考虑税收等因素影响。模型中各变量分别表示：

p_1：种子的批发价；

p_2：分销商在 p_1 基础上的加价；

Q：种子的总销售量且 $Q = a - b(p_1 + p_2)$，$a > 0, b > 0$ 均为常数；

c_1，c_2：分别表示单位种子的生产成本和销售成本，这里设为
常数；

λ：利益分配系数，$\lambda \in [0,1]$；

π_1，π_2：分别表示种子企业和分销商的利润函数；

---

① Cachon, G. P., Larivere, M. A., "Supply Chain Coordination with Revenue Sharing Contracts: Strengths and Limitations," *Management Science*, 2005, 51 (1): 30–44.

π：第 II 阶段的总利润。

2. 模型的构建与分析

种子企业利润函数表达式为：$\pi_1 = (p_1 - c_1)Q + \lambda(p_2 - c_2)Q$。

分销商利润函数表达式为：$\pi_2 = (1 - \lambda)(p_2 - c_2)Q$。

整个 PVR-VC 第 II 阶段利润函数表达式为：$\pi = (p_1 + p_2 - c_1 - c_2)Q$。

实际上，利益分配分配系数 λ 也反映了种子企业与分销商间的关系。当 $\lambda = 1$ 时，种子企业占有全部渠道利润，此时两者间是同一组织的内部关系，分销商从属于种子企业；当 $\lambda = 0$ 时，种子企业与分销商之间是完全的市场关系；当 $\lambda \in (0,1)$ 时，两者间是合作伙伴关系。因此，所建模型涵盖了种子企业和分销商之间合作关系的三种情况：完全的市场关系；同一组织的内部关系；合作伙伴关系。

在所设定的 PVR-VC 第 II 阶段（实际上是一个两层价值链），处于主动地位的种子企业在行为、决策上都相对优先于分销商，因此可用 Stackelberg 博弈模型来求解。Stackelberg 博弈模型是一种动态的寡头市场产量博弈模型，[①] 决策由较强的一方先进行选择，较弱的一方则根据较强一方的选择进行决策，是一个动态博弈的过程。求解动态博弈的方法一般采用逆推法，即从后一阶段向前一阶段求解。

第一阶段：由于种子企业是价格的领导者和先行者，分销商是价格的跟随者，即分销商先对种子企业的决策作出反应，以追求自身利润的最大化。先假定种子企业的批发价 p_1 为常数，求解 $\dfrac{\partial \pi_2}{\partial p_2} = 0$，可得：

$$p_2 = \frac{a + bc_2 - bp_1}{2b}$$

将 p_2 代入 $Q = a - b(p_1 + p_2)$，可得：

$$Q = \frac{a - bp_1 - bc_2}{2} = \frac{1}{2}(a - bc_2 - bp_1)$$

第二阶段：在完全信息情况下，种子企业会观测到分销商的行为，因此会调整价格 p_1，将 p_2 和 Q 的表达式代入种子企业利润表达式，可得：

---

① 李飞：《分销渠道设计与管理》，清华大学出版社 2003 年版。

$$\pi_1 = \frac{(p_1 - c_1)(a - bc_2 - bp_1)}{2} + \frac{\lambda[(a - bp_1)^2 - (bc_2)^2]}{4b} -$$

$$\frac{\lambda c_2(a - bc_2 - bp_1)}{2}$$

求解 $\dfrac{\partial \pi_1}{\partial p_1} = 0$，可得：

$$p_1 = \frac{(1 - \lambda)a + bc_1 - b(1 - \lambda)c_2}{b(2 - \lambda)} \tag{5—32}$$

则可求得：

$$p_2 = \frac{a - bc_1 + (3 - 2\lambda)bc_2}{2b(2 - \lambda)} \tag{5—33}$$

$$Q = \frac{a - bc_2 - bc_1}{2(2 - \lambda)} \tag{5—34}$$

$$\pi_1 = \frac{(a - bc_1 - bc_2)^2}{4b(2 - \lambda)} \tag{5—35}$$

$$\pi_2 = \frac{(1 - \lambda)(a - bc_1 - bc_2)^2}{4b(2 - \lambda)^2} \tag{5—36}$$

$$\pi = \frac{(3 - 2\lambda)(a - bc_1 - bc_2)^2}{4b(2 - \lambda)^2} \tag{5—37}$$

根据上面所得到的各变量函数表达式，依次分析利益分配系数 λ 对它们的影响：

由式（5—32）可得 $\dfrac{\partial p_1}{\partial \lambda} < 0$，且 $\dfrac{\partial^2 p_1}{\partial^2 \lambda} < 0$，则可得结论 5.6：利益分配系数 λ 越大（即合作越紧密），种子的批发价 p_1 就越小且变小的幅度在减小。

由式（5—33）可得 $\dfrac{\partial p_2}{\partial \lambda}0$，且 $\dfrac{\partial^2 p_2}{\partial^2 \lambda} > 0$，则可得结论 5.7：利益分配系数 λ 越大（即合作关系越紧密），种子的批发价 p_2 就越大且变大的幅度在增加。

由式（5—34）可得 $\dfrac{\partial Q}{\partial \lambda} > 0$，且 $\dfrac{\partial^2 Q}{\partial^2 \lambda} > 0$，则可得结论 5.8：利益分配系数 λ 越大（即合作越紧密），种子的总销售量越大且增大的幅

度在增加；从理论上讲，当种子企业自己负责销售时的种子销售量达到最大，与完全市场关系时相比，销售量有 2 倍的差距。

由式（5—35）可得 $\dfrac{\partial \pi_1}{\partial \lambda} > 0$，且 $\dfrac{\partial^2 \pi_1}{\partial^2 \lambda} > 0$，则可得结论 5.9：利益分配系数 λ 越大（即合作关系越紧密），种子企业的利润就越大且变大的幅度在增加。

由式（5—36）可得 $\dfrac{\partial \pi_2}{\partial \lambda} < 0$，且 $\dfrac{\partial^2 \pi_2}{\partial^2 \lambda} < 0$，则可得结论 5.10：利益分配系数 λ 越大（即合作关系越紧密），分销商的利润就越小且变小的幅度在变小。

由式（5—37）可得 $\dfrac{\partial \pi}{\partial \lambda} > 0$，可得结论 5.11：利益分配系数 λ 越大（即合作关系越紧密），第 II 阶段的总利润就越多。

3. 结论

本节建立了具有一般意义的 PVR-VC 第 II 阶段利润博弈模型，得出结论（5.6—5.11）如下：①只要双方合作，所获得的总利润和销售总量都是增大的；但随着合作关系的加强，种子企业的批发价逐渐变小，而分销商的加价逐渐变大；②随着与分销商合作关系的紧密，种子企业所获利润会不断增加，且增加的幅度不断变大；③随着与种子企业合作关系的紧密，分销商所获利润会不断减少，但减少的幅度不断变小。

本节分析发现：只靠利益分配系数 λ 无法实现 PVR-VC 第 II 阶段的稳定、持久运行。伴随着种子企业与分销商间合作关系的加强，渠道利润和种子企业的利润都在增大，但分销商利润则不断减少，这违背了价值链利益分配的基本原则，也不符合利益分配机制系统的运行要求。因此，需要引入其他具有激励与惩罚性的手段来平衡双方利润的差距。

（二）最优返利系数

在种子企业和分销商的关系中，种子企业为了激励分销商尽可能地多销售种子，常常对分销商实行返利政策。这样，分销商的利润是由种子的销售利润与种子企业根据分销商的实际销售量按合同规定返还给分销商的部分利润所构成。因此，在市场中，种子企业必须合理确定分销商的产品销售量与返利的关系，以激励分销商努力工作使自己的利润最大化；而分销商也必须选择最优的加价和合理的努力水平以获得最大的返利。这样，从博弈论的观点来看，PVR-VC 第Ⅱ阶段可以分为两步：第一步，双方协商确定一个彼此都认可的利益分配系数。第二步，在利益分配系数既定的情况下，种子企业确定一个返利系数，分销商依据返利系数来确定自己的努力水平，双方都力求使自身收益最大化，这是一个非合作博弈过程。在这个非合作博弈过程中，有两个问题需要研究：①最合理的返利系数 t^* 是多少？②分销商最优的工作努力水平 e^* 是多少？

1. 问题的描述与假设

返利有分段返利、整段返利和分期返利等多种形式，本节涉及的是整段返利形式。一般来说，产品供应方为了强化激励与惩罚机制，会将分段返利（即分段价格折扣）改为整段返利（即整段价格折扣）。[①] 所谓整段返利，是指在种子销售量达到合同的规定后（达不到最低销售量无返利），种子企业把部分利润按一定百分比 t 返还给分销商，其返利额为分销商的销售额与返利系数之积。这是分销商得到的额外利润。

这里考虑的仍然是一个种子企业和一个分销商所构成的 PVR-VC 第Ⅱ阶段，双方都是风险中性。[②] 种子的需求是不确定的、销售期比较集中且受到分销商努力水平的影响。分销商需要在销售开始时决定自己的订货数量（这里假定订货数量等于销售量）和其努力水平。模型中各变量表示为：

t：返利系数；

$\bar{Q}$：返利的种子最低销售量；

$\pi_t(Q)$：种子企业返还给分销商的利润；

e：分销商的努力水平；

---

① 王利、韩玉启：《一厂多商联盟的利润分享方案和整段返利方法的确定》，《运筹与管理》2004 年第 6 期。

② 虽然在现实中，分销商更多表现为风险规避者，但在供应链领域的研究文献中常常设定其为风险中性。本书也将分销商设定为风险中性，不讨论其风险规避的情况。

θ：分销商努力水平对种子销售量的影响系数，$\theta > 0$；

Q'：引入新变量后的种子需求函数，$Q' = a - b(p_1 + p_2) + \theta e$（销售努力水平一般以两种形式影响需求，一种是可加的形式，[①] 另一种是可积的形式。[②] 这里采用的是可加的形式）；

π_1'：引入新变量后种子企业的利润；

π_2'：引入新变量后分销商的利润；

ρ：分销商努力水平的系数，$\rho > 0$；

c_E：分销商的努力成本函数，是一个单调递增的凸函数，$c_E = \frac{1}{2}\rho e^2$。

2. 模型的构建与分析

假设种子企业和分销商都是风险中性的，且种子企业与分销商的返利约定是：

$$\pi_t(Q) = t \times p_1 \times Q = \begin{cases} 0, Q < \bar{Q} \\ t \times p_1 \times Q, Q \geq \bar{Q} \end{cases}, 0 \leq t < 1$$

$$(5\text{—}38)$$

种子企业实施返利的目的是激励分销商努力从而提高种子销量。因此，返利的最低销量应该是在分销商努力水平 e 为零时的最优销售量。即

$$\bar{Q} = \frac{a - bc_2 - bc_1}{2(2 - \lambda)} \qquad (5\text{—}39)$$

式（5—39）变为 $\pi_t(Q) = tp_1Q$

$$= \begin{cases} 0, Q < \dfrac{a - bc_2 - bc_1}{2(2 - \lambda)} \\[4mm] tp_1Q, Q \geq \dfrac{a - bc_2 - bc_1}{2(2 - \lambda)} \end{cases}, 0 < t < 1 \qquad (5\text{—}40)$$

此时种子企业的利润函数是：

① Lariviere, M. A., Porteus, E., "Selling to the Newsvendor: An Analysis of Price-only Contracts," *Manufacturing Service Operation Management*, 2001, 3（4）：293–305.

② Tomlin, B., "Capacity Investments in Supply Chains: Sharing the Gain Rather than Sharing the Pain," *Manufacturing & Service Operation Management*, 2003, 5（4）：317–333.

$$\pi_1' = (p_1 - c_1)Q' + \lambda(p_2 - c_2)Q' - tp_1Q' \qquad (5\text{—}41)$$

分销商的利润函数表达式是：

$$\pi_2' = (1 - \lambda)(p_2 - c_2)Q' + tp_1Q' - \frac{1}{2}\rho e^2 \qquad (5\text{—}42)$$

在现实中，种子企业通常先提出给分销商返利，然后分销商根据种子企业的返利水平确定自己的努力水平。因此，他们的博弈是 Stackelberg 动态博弈，即种子企业先行动，分销商后行动。可以采用逆推法求解其均衡解。

先假设返利系数 t 是常数，求解 $\dfrac{\partial \pi_2'}{\partial e} = 0$ 可得：

$$e = \frac{\theta(p_2 - c_2 + tp_1)}{\rho} \qquad (5\text{—}43)$$

将式（5—43）代入式（5—41）后，求解 $\dfrac{\partial \pi_1'}{\partial t} = 0$ 可得：

$$t^* = \frac{(p_1 - c_1)\theta^2 + \lambda(p_2 - c_2)\theta^2 - \rho[a - b(p_1 + p_2)] - (p_2 - c_2)\theta^2}{2p_1\theta}$$

$$= \frac{(p_1 - c_1)\theta^2 - (1 - \lambda)(p_2 - c_2)\theta^2 - \rho[a - b(p_1 + p_2)]}{2p_1\theta}$$

$$(5\text{—}44)$$

由式（5—44）可知，$t = f(p_1, p_2, c_1, c_2, \lambda)$。当 p_1，p_2，c_1，c_2 确定后，t 只是 λ 的函数。而 t 是在 λ 值确定后，即利润分配方案确定后，通过销售量 Q' 来同步保证利润分配方案的顺利实现。

求解 $\dfrac{\partial t}{\partial \lambda}$ 可得，$\because \dfrac{\partial t}{\partial \lambda} = \dfrac{(p_2 - c_2)\theta^2}{2p_1\theta} > 0$，$\therefore$ 当 p_1，p_2，c_1，c_2 确定后，t 与 λ 是正相关关系，即利益分配系数 λ 越大，返利系数 t 就越大。

分销商根据返利系数确定自己的努力水平。

将式（5—44）代入式（5—43）可得：

$$e^* = \frac{\theta(p_2 - c_2)}{\rho} + \frac{\theta(p_1 - c_1)}{2\rho} - \frac{\theta(1 - \lambda)(p_2 - c_2)}{2\rho} - \frac{[a - b(p_1 + p_2)]}{2\theta}$$

$$(5\text{—}45)$$

求解 $\dfrac{\partial e}{\partial \lambda}$ 可得，$\because \dfrac{\partial e}{\partial \lambda} = \dfrac{(p_2 - c_2)\theta}{2\rho} > 0$，$\therefore$ 当 p_1，p_2，c_1，c_2 确定

后，e 与 λ 也是正相关关系。同时，由式（5—43）可知，t 与 e 是正相关关系，即返利系数 t 越大，分销商的努力水平 e 也会越大。

3. 结论

本节基于利益分配系数讨论了种子企业所确定的最优返利系数和分销商的最优努力水平，表明利益分配系数、返利系数与分销商的努力水平之间是正相关的关系。归纳起来，在利益分配系数一定的情况下，适当提高返利系数可以有效刺激分销商的努力水平，对分销商的利益分配有所补偿。

通过以上分析可以发现：利益分配系数完成了种子企业和分销商之间的初次利益分配，而返利是对 PVR-VC 第 II 阶段利益的二次分配。利益分配系数的变化，会引起种子总销售量、批发价、加价、成员利润等的一系列变化；但在利益分配系数一定的情况下，通过返利系数的调节，种子企业所获利润的一部分会流向分销商，但不会改变种子销售量、第 II 阶段总利润以及种子价格（批发价和加价）。

（三）返利模式中的最优退货策略

在返利模式中，除了返利系数外，还包括退货问题。本节着重讨论种子企业与分销商之间返利模式中的最优退货策略，需要确定种子企业的最优退货价格以及分销商的最优订购量。

1 问题描述与假设

仍然假设种子企业和分销商是风险中性，分销商是全额退货。有关变量的表示，保持与上两节相同。具体假设情况如下：

假设1：销售季节开始，种子企业的种子生产量与分销商的订货量相同，均为 Q，种子企业生产种子的单位成本为 c_1，以批发价格 p_1 批发给分销商，分销商以价格 $p_1 + p_2$ 卖出。

假设2：分销商退货时种子企业定的退货价格用 p_r 表示，满足 $p_r < p_1$。

假设3：退货量用 Q_r 表示，Q_r 等于退货率 α 与销售量的积（设 α 为常数，满足 $0 < \alpha < 1$）。

假设4：退货种子的残值用 s 表示，满足 $0 \leqslant s < c_1 < p_1 < P$。这里不考虑退回种子的二次销售问题。

假设5：设市场对种子的需求为 Q'，当未考虑退货策略时，其线性表达式已经讨论过。本节增加新的影响因素"种子企业定的退货价格 p_r"，设 $Q' = f(p_r, e)$。基于现实情况的考量（市场对种子的需求是不确定的且随机的）以及分析的需要，进一步设 $Q' = f(p_r, e) = \int_0^Q f(x \mid p_r, e) dx = F(x \mid p_r, e)$。一般来说，$p_r$ 与市场需求 Q' 与 e 之间均是正相关关系，即 p_r 越大，市场需求也就越大，e 也就越大；但 p_r 越大，退货率 α 会相应增大。由于上节已经讨论了分销商的最优努力水平 e，本节将其视为常数。

假设6：给定 Q 和 p_r 的情况下，种子企业的期望种子销售量 Q_e 应该是在确定 Q 和 p_r 后的最小销售量，即 $Q_e = \min(Q, p_r, e) = Q - \int_0^Q f(x \mid p_r, e) dx$。

假设7：依然设分销商的努力成本函数为 c_E，且 $c_E = \frac{1}{2}\rho e^2$。

假设8：设最优订货量为 Q'^*，而在给定订货量的情况下，种子企业定的最优退货价格为 p_r^*。

2. 模型构建与分析

一般情况下，种子企业和分销商追求各自利益最大化，PVR-VC 第 Ⅱ 阶段分销商的期望利润 $E(\pi_2)$ 可表示为：

$$E(\pi_2) = (1 - \lambda)(p_2 - c_2)(Q - \alpha \times Q_e) + t \times p_1 \times (Q - \alpha \times Q_e)$$
$$- (p_1 - p_r) \times \alpha \times Q_e - \frac{1}{2}\rho e^2 \qquad (5\text{—}46)$$

其中 $(1 - \lambda)(p_2 - c_2) \times (Q - \alpha \times Q_e)$ 表示分销商因实际种子销售而分得的利润（已经扣去生产成本），$t \times p_1 \times (Q - \alpha \times Q_e)$ 表示分销商因销售返利而获得的收益，$(p_1 - p_r) \times \alpha \times Q_e$ 表示分销商因退货而发生的损失。

在实际的种子销售过程中，种子企业制定的退货价格 p_r 越高，市场需求就越高，分销商的努力水平也就越高，随之又会带来市场需求的增加，这是一个良性循环的过程。由于市场需求并不会无限制增长，因此退货价格和分销商的努力水平也不会一直上涨，存在一个上限。当退货价格越来越接近上限时，种子企业的利润空间就几乎没有了。而且，退货价格过高，会导致种子的退货量上升，分销商的努力水平下降。这些变量之间的相互影响和抑制，必然会出现一个均衡点，使各变量产生最优值，也就是一阶值有唯一解。

首先，先将 Q 视为常数，在给定订货量的情况下，种子企业定的最优退货价格 p_r^* 必然满足 $\dfrac{\partial \pi_2}{\partial p_r} = 0$ ，即

$$\frac{\partial \pi_2}{\partial p_r} = (1 - \lambda)(p_2 - c_2) \times \left(-\alpha \times \frac{\partial Q_e}{\partial p_r}\right) + t \times p_1 \times$$

$$\left(-\alpha \times \frac{\partial Q_e}{\partial p_r}\right) + (p_1 - p_r) \times \left(\alpha \times \frac{\partial Q_e}{\partial p_r}\right) = 0 \quad (5—47)$$

求解可得：$p_r^* = (1 + t)p_1 - (1 - \lambda)(p_2 - c_2)$ 　　　　(5—48)

其次，在给定 p_r 的情况下，分销商的最优订货量 Q^* 必然满足 $\dfrac{\partial \pi_2}{\partial Q} = 0$ ，即

$$\frac{\partial \pi_2}{\partial Q} = (1 - \lambda)(p_2 - c_2) \times \left(1 - \alpha \times \frac{\partial Q_e}{\partial Q}\right) + t \times p_1 \times \left(1 - \alpha \times \frac{\partial Q_e}{\partial Q}\right)$$

$$+ (p_1 - p_r) \times \left(\alpha \times \frac{\partial Q_e}{\partial Q}\right) = 0$$

经整理可得：$\dfrac{\partial Q_e}{\partial Q} = \dfrac{(1 - \lambda)(p_2 - c_2) + t \times p_1}{\alpha[(1 - \lambda)(p_2 - c_2) + t \times p_1 - (p_1 - p_r)]}$

$$(5—49)$$

已知 $Q_e = \min(Q, p_r, e) = Q - \displaystyle\int_0^Q f(x \mid p_r, e)dx$ ，将其代入式（5—49），该式可转换为：

$$1 - F(Q^* \mid p_r, e) = \frac{(1 - \lambda)(p_2 - c_2) + t \times p_1}{\alpha[(1 - \lambda)(p_2 - c_2) + t \times p_1 - (p_1 - p_r)]}$$

即 $F(Q^* \mid p_r, e) = \dfrac{(\alpha - 1)[(1 - \lambda)(p_2 - c_2) + t \times p_1] - \alpha(p_2 - p_r)}{\alpha[(1 - \lambda)(p_2 - c_2) + t \times p_1 - (p_1 - p_r)]}$

$$(5—50)$$

综合式（5—48）和式（5—50）可以得出，一般情况下，PVR-VC 第Ⅱ阶段利益分配契约中退货政策略实现有效协调的必要条件是：分销商订货量满足 Q^* 和种子企业定的种子退货价格满足 p_r^* 。

除了一般情况下，还有一种特殊状态（即理想状态），即当 $\lambda = 1$ 时，种子企业与分销商之间是组织内关系，这其实就是价值链合作的理想状态。本书所提及的"理想状态"，是指在信息共享的前提下，种子企业与分销商充分合作，以系统利润最大化为目标的价值链运行的高级阶段。理想状态模式能使价值链第 II 阶段利润达到最大，但实际上各节点成员都是在考虑自身利润最大化的基础上才选择接受合作的。因此，理想状态模式可以作为一种指导种子企业与分销商之间合作的参考。

PVR-VC 第 II 阶段的期望利润 $E(\pi)$ 可表示为：

$$E(\pi) = (p_1 + p_2 - c_1 - c_2)(Q - \alpha \times Q_e) + (s - c_1 - c_2) \times \alpha \times Q_e - \frac{1}{2}\rho e^2$$

其中 $(p_1 + p_2 - c_1 - c_2)(Q - \alpha \times Q_e)$ 表示价值链因种子销售而获得的利润，$(s - c_1 - c_2) \times \alpha \times Q_e$ 表示被退回种子的净值（已经扣除该部分种子的生产成本以及在销售渠道中产生的销售成本）。

已知 $Q_e = \min(Q, p_r, e) = Q - \int_0^Q f(x \mid p_r, e)\, dx$ ，因此分别对 Q 和 p_r 求偏导，可求得最优订货量 Q^* 和最优退货价格 p_r^* 的满足条件。由于非理想状态是研究的重点，因此，这里理想状态下两变量最优值的求解从略。

3. 结论

本节分析了 PVR-VC 第 II 阶段中返利模式下的退货策略，在利益分配系数、种子企业定的返利系数、分销商的最优努力水平都已经确定的情况下，考虑未销售种子的退货问题，分析了理想和非理想状态下的最优退货价格以及分销商的最优订货量，其中求解出非理想状态下这两个最优值必须满足两个表达式——式（5—47）和式（5—48）。

（四）第 II 阶段利益分配契约的改进——引入惩罚因子

在供应链契约领域，众多学者（曹细玉等，2007；李浩等，2009；姚泽有，2010；徐慧等，2002）在建立的分散模式下退货策略模型中引入回馈与惩罚策略，一致认为单纯的供应链退货策略是不足以协调供应链运行的。本书尝试借鉴这一思路，在第 II 阶段利益分配契约中引入新的变量：惩罚因子（这一点在第 4 章结构方程模型"影响因素—利益分配契约绩效"的结论中也得到了验证）。惩罚策略是种子企业给分销商规定一个退货目标，即如果分销商的退货低于预期退货目标，种子企业就对低出的部分给予奖励，否则对高出的部分进行惩罚。

1. 问题描述与假设

为了分析的方便，本书假设奖励程度与惩罚程度相一致，均设为 ω，统称为惩罚因子。

与原第 II 阶段的利益分配契约模型相比，新增假设如下：设种子企业规定的退货量目标是 Q_h。在销售期结束后，对于分销商的退货量小于 Q_h 的部分，种子企业给予每单位种子的回馈为 ω；对超过 Q_h 的部分，种子企业给予的惩罚也是 ω。

2. 模型构建与分析

PVR-VC 第 II 阶段分销商的期望利润表示为：

$$E(\pi_2) = (1 - \lambda)(p_2 - c_2)(Q - \alpha \times Q_e) + t \times p_1 \times (Q - \alpha \times Q_e) - (p_1 - p_r) \times \alpha \times Q_e + \omega(Q_h - \alpha \times Q_e) - \frac{1}{2}\rho e^2$$，其中 $\omega(Q_h - \alpha \times Q_e)$ 表

示分销商因退货量多少而产生的损失或收益，当 $Q_h > \alpha \times Q_e$ 时，该部分表示分销商受到的奖励；当 $Q_h < \alpha \times Q_e$ 时，该部分表示分销商因退货量过多而受到的惩罚。本节的分析思路同上。

求解 $\dfrac{\partial \pi_2}{\partial p_r} = 0$，可得：

$$\frac{\partial Q_e(p_r^*, e)}{\partial p_r} = \frac{\alpha \times Q_e}{\alpha[(1 - \lambda)(p_2 - c_2) + t \times p_1 + (p_1 - p_r) + \omega]}$$

求解 $\dfrac{\partial \pi_2}{\partial Q} = 0$，可得：

$$\frac{\partial Q_e}{\partial Q} = \frac{(1 - \lambda)(p_2 - c_2) + t \times p_1}{\alpha[(1 - \lambda)(p_2 - c_2) + t \times p_1 + (p_1 - p_r) + \omega]}$$

整理可得：

$$F(Q^* \mid p_r, e) = 1 - \frac{(1 - \lambda)(p_2 - c_2) + t \times p_1}{\alpha[(1 - \lambda)(p_2 - c_2) + t \times p_1 - (p_1 - p_r) + \omega]}$$

即 $F(Q^* \mid p_r, e) =$

$$\frac{(\alpha - 1)[(1 - \lambda)(p_2 - c_2) + t \times p_1] - \alpha(p_1 - p_r + \omega)}{\alpha[(1 - \lambda)(p_2 - c_2) + t \times p_1 - (p_1 - p_r)]}$$

3. 结论

本节在种子需求不确定的条件下，将惩罚因子引入 PVR-VC 第 Ⅱ 阶段，构建了返利模式下退货策略与过度退货惩罚并存系统的协调模型，给出了在此情况下的最优退货价格、最优订货量的满足条件，为实际情况下种子企业与分销商的科学决策提供了理论依据。

四   植物品种权价值链利益分配契约的事后调节

整个 PVR-VC 的可分配利益是通过事前约束、事后调节的方式在各成员间完成分配的。上两节所讨论的是起到事前约束作用的利益分配契约，往往是成员间事前协商以及种子企业（核心成员）对未来预期的结果；而在价值链运行后，尤其是在某项特定任务完成后，还需要制定起到事后调节作用的利益分配契约，即所谓的事后契约。已有文献关于事后利益分配契约的研究还很少，仅有少数学者讨论了事前契约（如韩建军等，2003；杜河建，2006）。

与事前契约相比较，事后契约的设计较为简单，原因在于：若 PVR-VC 能够顺利运行，则表明：①事前契约对成员的决策起到了较好的约束性；②成员间合作较为协调，在事前阶段所考虑的各种道德风险、败德行为没有发生或被有效规避了；③事前阶段的信息不对称现象弱化，在 PVR-VC 运行后，非核心成员的行为都已经发生，种子企业可以直接观测到结果，为实现本次利益分配的有效信息已经通过正常信息渠道传递到种子企业处（此处暂不考虑隐性因素及不能通过正常渠道传递的信息）。因此，简单来说，成员间更多地表现为一种合作博弈的关系。

本书认为，事后契约更多地表现为成员间的合作博弈。因此本书选用 Shapley 值法构建一个简单的事后利益分配契约。考虑到 Shapley 值模型的局限性，依照 PVR-VC 利益分配原则及对利益分配影响因素的分析，对原始 Shapley 值模型进行修正。

（一）模型构建与分析

1. Shapley 值法模型

Shapley 值法是由夏普利（Shapley，L. S.）在 1953 年给出的解决 n 个人合作对策问题的一种数学方法。当 n 个人从事某项经济活动时，对于他们之中若干人组合的每一种合作形式，都会得到一定的效益。当人们之间的利益活动多非对抗性时，合作中人数的增加不会引起效益的减少，这样，全体 n 个人的合作将带来最大效益。Shapley 值法是分配这个最大效益的一种方案，其定义如下：

设集合 $I = \{i = 1,2\cdots n\}$，如果对于 I 的任一子集（表示 n 个人集合中的任一组合）都对应着一个实值函数 $v(s)$，满足：

$$v(\varphi) = 0$$

$$v(s_1 \cup s_2) \geq v(s_1) + v(s_2)，s_1 \cap s_2 = \varphi \qquad (5—51)$$

称 $[I,v]$ 为 n 人合作对策，v 称为定义在 I 上的特征函数。用 $\varphi_i(v)$ 表示 I 中第 i 成员从合作的最大效益 $v(I)$ 中应得到的一份收入，则合作问题的分配表示为 $\Phi(v) = (\varphi_1(v),\varphi_2(v)\cdots\varphi_n(v))$。显然，该合作成功必须满足如下条件：

$$\sum_{i=1}^{n} \varphi_i(v) = v(I) \qquad i = 1,2\cdots n \qquad (5—52)$$

且 $\varphi_i(v) \geq v(i)$，$i = 1,2\cdots n$

合作 I 下的各个伙伴 i 所得利益分配的 *Shapley* 值为：

$$\varphi_i(v) = \sum_{s \in s_i} w(|s|)[v(s) - v(s \setminus i)] \qquad i = 1, 2\cdots n$$

$$w(|s|) = \frac{(n - |s|)!(|s| - 1)!}{n!}$$

其中，$s(i)$ 是集合 I 中包含成员 i 的所有子集，$|s|$ 是子集 s 中的元素个数，$w(|s|)$ 是加权因子。$v(s)$ 为子集 s 的效益，$v(s \setminus i)$ 是子集 s 中除去成员 i 后可取得的效益。

2. Shapley 值法模型的修正

Shapley 值法存在着合作伙伴的创新能力、风险承担和合作程度是均等的假设，并未考虑这些因素对实际利益分配的影响，这与现实情况是不相符的。国内一些学者对 Shapley 值法进行了修正，这些已有的研究成果具有一定的代表性。

（1）技术创新激励指数 j。[①] 设成员 i 在植物品种权价值链活动中通过技术创新创造的收益为 q_i，则 $\sum q_i$ 为价值链活动中所有成员通过技术创新所创造的收益。依据定性定量分析确定每个成员都可以接受的激励指数 j（$0 < j < 1$）（植物品种权价值链活动中对技术创新的要求量是比较高的，故激励指数应相对较高）。Shapley 值法的前提为假设 n 个成员通过技术创新活动所获得的收益占总收益的比重是相同的，均为 $\frac{1}{n}$，而实际上每个成员所创造的收益在总的创新收益中所占的比重为 $q_i / \sum q_i$。由此，各个成员技术创新程度不同所带来的分配收益变量是 $\varphi_i^j(v)' = j \times \sum q_i(q_i / \sum q_i - 1/n)$。

（2）风险因子 R。[②] 设成员 i 在植物品种权价值链活动中实际承担的风险因子为 R_i（$i = 1,2\cdots n$），R_i 与均担风险的差值为 $\Delta R_i = R_i - \frac{1}{n}$，则 $\sum_{i=1}^{n} R_i = 1$，且 $\sum_{i=1}^{n} \Delta R_i = 0$。$\Delta R_i$ 表示了伙伴在实际合作过程中所承担的风险与理想情况下的风险差值。由此各成员风险承担不同所带来的分配收益变量是 $\varphi_i^R(v)' = \varphi_i(v) \times \Delta R_i$。

（3）资源投入量 C。本书借鉴了"用对合作的投入来代表合作的程度"[③] 的思想，为了简化分析，不考虑价值链中各成员投入资源的领先和落后问题，不考虑投入资源的不同阶段，假设各成员同时、一次性投入价值链运作过程中所需要的资源。投入的资源越多，表示合作的程度越深。对于各个成员而言，应当考虑选择什么样的合作程度，或者说，应该考虑投入多少资源参与合作才能使自己获得的总收益最大。设成员 i 在植物品种权价值链活动中投入资源 C_i（$i = 1,2\cdots n$），则每个成员所投入的资源在总资源中所占的比重为 $C_i / \sum C_i$。由此各成员合

①　魏纪泳、汤书昆、崔浩、江文奇：《基于利益相关者合作博弈的决策优化与收益分配》，《运筹与管理》2005 年第 2 期。

②　戴建华、薛恒新：《基于 Shapley 值法的动态联盟伙伴企业利益分配策略》，《中国管理科学》2004 年第 4 期。

③　陶青、钟伟俊：《合作伙伴关系中合作程度对其收益的影响》，《管理工程学报》2002 年第 16 期。

作程度不同所带来的分配收益变量是：

$$\varphi_i^C(v)' = \varphi_i(v) \times \Delta C_i = \varphi_i(v) \times (\frac{C_i}{\sum C_i} - \frac{1}{n})$$

则修正后成员 i 的实际利益分配 $\varphi^i(v)' = \varphi^i(v) + \varphi_i^j(v)' + \varphi_i^R(v)' + \varphi_i^C(v)'$。

显然 $\sum \varphi^i(v)' = \sum [\varphi^i(v) + \varphi_i^j(v)' + \varphi_i^R(v)' + \varphi_i^C(v)']$

$$= \sum \varphi^i(v) + \sum \varphi_i^j(v)' + \sum \varphi_i^R(v)' + \sum \varphi_i^C(v)'$$

$$= \sum \varphi^i(v) + \sum \varphi_i^j(v)' + \sum \varphi_i^R(v)' + \sum \varphi_i^C(v)'$$

$$(5—53)$$

且 $\sum \varphi_i^j(v)' = j \times \sum q_i - n \times \frac{1}{n} \times j \times \sum q_i = 0$

$$(5—54)$$

$$\sum \varphi_i^R(v)' = \sum [\varphi_i(v) \times \Delta R_i] = 0 \qquad (5—55)$$

$$\sum \varphi_i^C(v)' = \sum [\varphi_i(v) \times \Delta C_i] = 0 \qquad (5—56)$$

将式（5—54）、式（5—55）、式（5—56）代入式（5—53）可得到：

$$\sum \varphi^i(v)' = \sum [\varphi^i(v) + \varphi_i^j(v)' + \varphi_i^R(v)' + \varphi_i^C(v)'] = \sum \varphi^i(v) = v(I)$$

因此修正后的实际利益分配方案基本符合要求。

模型参数确定方法不是本书的研究重点，可采用实地调研、专家咨询等方法予以定性确定，也可借鉴已有研究成果予以定量确定。根据合作伙伴间资源的匹配情况，运用模糊数学、遗传算法、神经网络或AHP 等方法相互比较各项竞争力指标强弱来估计各个模型参数值。

（二）应用算例

以某一农业大学研制的某小麦新品种为例：某一农业大学（育种方及植物品种权持有人，用 A 表示）、某一种业公司（集良种繁育、加工、贮藏、销售于一体的种业企业，用 B 表示）、分销商（用 C 表示），记集合 $I = \{1,2,3\}$。其中该小麦新品种属高产、高白度、优质、中筋、大穗大粒型，是面粉白度最高的品种之一，A 授权 B 独家植物品种权经营权（基于 A、B 知识产权保护需要，本书隐去其真实名称）。

1. 模型参数的确定

综合运用上述提到的定性、定量、AHP 等方法得到应用模型所需要的基础参数，如表 5.1 和表 5.2 所示。

表 5.1　　　　　　　　　　　合作及非合作收益　　　　　　　　　　（万元）

	A	B	C
某一农业大学 A	10	30	26
某一业公司 B	30	12	22
分销商 C	26	22	8

三方合作收益 60

表 5.2　　　　　　　　　　　模型修正所需变量

	q_i	j	R_i	$C_i / \sum C_i$
A	18	0.4	0.33	0.40
B	16	0.4	0.50	0.48
C	11	0.4	0.17	0.12

2. Shapley 值法基础利益分配额的确定

利用表 5.1 的数据可以计算出 A 单位分配的基础利益 $\varphi^A(v)$，具体计算见表 5.3。将表 5.3 中最后一行数据相加，可以得到 $\varphi^A(v) = 10/3 + 18/6 + 18/6 + 38/3 = 22$。

表 5.3　　　　　　　　A 单位基础利益分配 $\varphi^A(v)$ 的计算

S	A	A∪B	A∪C	A∪B∪C
v (s)	10	30	26	60
v (s∖A)	0	12	8	22
v (s) -v (s∖A)	10	18	18	38
∣s∣	1	2	2	3
w (∣s∣)	1/3	1/6	1/6	1/3
w (∣s∣) [v (s) -v (s∖A)]	10/3	18/6	18/6	38/3

同理可得；$\varphi^B(v) = 21$ 万元，$\varphi^C(v) = 17$ 万元。将所得数据代入式（5—50）、式（5—51）容易验证，$\varphi^A(v) + \varphi^B(v) + \varphi^C(v) = 60$ 万元，且 $\varphi^A(v) + \varphi^B(v) > 30$ 万元，$\varphi^A(v) + \varphi^C(v) > 26$ 万元，$\varphi^B(v) + \varphi^C(v) > 22$ 万元。因此三方合作得到的效益比单独一家或任意两家合作得到的效益多。

3. 实际利益分配额的确定

将表 5.2 的数据代入式（5—53）、式（5—54）、式（5—55）和式（5—56）计算得出三方的实际利益分配额如下：

$$\varphi^A(v)' = \varphi^A(v) + 1.2 + 7.26 + 8.8 - 44/3 = 24.59$$

$$\varphi^B(v)' = \varphi^B(v) + 0.4 + 3.5 + 3.08 = 27.98$$

$$\varphi^C(v)' = \varphi^C(v) - 1.6 - 7.97 = 7.43$$

将所得数据仍然代入式（5—51）、式（5—52）进行验证，修正后的利益分配方案满足合作条件，式（5—51）、式（5—52）成立。进一步将修正后的利益分配额与基础利益分配额进行对比发现：B 所代表的种子公司分得的利益分配额增加幅度较大，并超过 A 所代表的育种方分得的利益额；A 分得的利益额也增加，但增加幅度较小，最终利益分配额小于 B；分销商所代表的农户利益分配额减少，且与单独经营时获得的利润之间差别不大，甚至有减少的趋势，可见它在价值链活动中的技术创新程度与风险承担等方面均低于育种方和种子公司。

调整后通过模型测算出的数据与现实情况是相符合的。在现实的植物品种权交易中，育种方通过与种子公司合作往往能获得较好的利润额；种子公司在植物品种权价值链活动中获得的利润往往是最高的；而分销商在参与合作的过程中，需要让出部分渠道利润，因此所获得的利润变化不大。随着种子企业的发展，分销商会越来越弱化，被淘汰掉或者演变成企业内部的营销渠道。

（三）结论

本节运用 Shapley 值法分析植物品种权价值链合作伙伴间的收益分配问题，并修正了原始模型的默认假设。调整后的利益分配方案既考虑了各个成员核心竞争力对合作利益贡献程度的大小，又考虑了技术创新因素、风险因素、合作程度对利益分配的影响，使最后的分配结果更公道、合理，从而保障价值链活动的持续稳定进行。这一研究存在的关键问题是对各个成员组合所能获得收益的度量以及各相关变量的度量，且植物品种权交易的特性也决定了这些数值的难度量性。这些都有待今后进一步研究。

五　本章小结

本章运用博弈论分析方法一步步构建了 PVR-VC 的利益分配契约，包括基于事前协商的两阶段（第 Ⅰ 阶段和第 Ⅱ 阶段）契约和事后协调的契约两部分。具体内容如下：

（1）构建了第 Ⅰ 阶段育种方与种子企业之间的利益分配契约。基于混合支付模式，选取了工作努力水平等能够反映创新运行过程的有关参数，寻找到育种方与种子企业各自最优的工作努力水平、种子企业确定的最优利益分配系数。但同时发现，仅仅依靠利益分配系数，无法有效刺激育种方的育种积极性，从而进一步考虑引入创新成本补贴因子以改进初始模型，尝试对育种方的研发成本进行分担。

（2）构建了第 Ⅱ 阶段种子企业与分销商之间的利益分配契约。具体思路是：首先，以收益共享契约为基础，寻找出最优利益分配系数。结果发现，只靠利益分配系数 λ 无法实现 PVR-VC 第 Ⅱ 阶段的稳定、持久运行，随着种子企业与分销商间合作关系的加强，渠道利润和种子企业的利润都在增大，但分销商利润则不断减少，这违背了价值链利益分配的基本原则。其次，基于种子销售的返利模式，引入数量折扣契约和退货契约，寻找出最优的返利系数、最优退货价格和最优订货量。结果发现，在利益分配系数一定的情况下，适当提高返利系数可以有效刺激分销商的努力水平，对分销商的利益分配有所补偿。至此，PVR-VC 第 Ⅱ 阶段的利益分配契约已基本设计完成，接下来考虑对契约模式作进一步完善。最后，结合第四章的实证分析，在契约中引入新的变量——惩罚因子，构建了返利模式下退货策略与过度退货惩罚并存系统的协调模型，给出了此情况下的最优退货价格、最优订货量的满足条件。

（3）选用 Shapley 值法构建一个事后利益分配契约。考虑到 Shapley 值法模型的局限性，依照 PVR-VC 利益分配原则及利益分配影响因素的分析，对原始 Shapley 值法模型进行修正。

第六章　发达国家植物品种权价值链
利益分配的经验借鉴及启示

　　发达国家的种子产业体系的显著特点是育繁推一体化，这实际上就是植物品种权价值链模式的高级发展阶段。在经济全球化和市场化的背景下，跨国种子企业自 20 世纪 90 年代以来纷纷调整战略，其育种研究、种子生产与营销经营的国际化、集团化、规模化趋势加强，兴起集育、繁、销于一体的发展模式。大型种子企业既是种子市场的占有者，又是新品种的主要选育者。这种集育种、良种繁殖、加工、销售、推广为一体的模式，既大大加强了种子企业的竞争优势，又促进了新品种的不断涌现，缩短了从研发到生产应用的时间。本章基于发达国家植物品种权价值链利益分配情况的分析，就我国植物品种权价值链利益分配情况的改善提出几点政策建议。本部分的研究框架如图 6.1 所示。

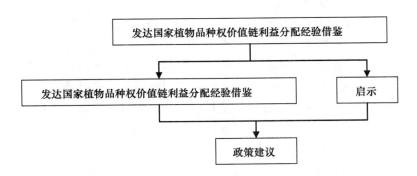

图 6.1　发达国家植物品种权价值链利益分配的经验借鉴及启示研究框架图

一   发达国家植物品种权价值链利益分配的经验借鉴

（一）发达国家植物品种权价值链分析

2000 年以后，种子市场规模达到历史新高，国际种子行业逐步被四家国际种子公司所掌控，分别是美国孟山都公司、杜邦—先锋公司，瑞士先正达公司和法国利马格兰公司。这些跨国种子企业都是集育种研发、种子生产、加工、销售等环节于一体，其公司本身就是一条完整的从 L（种质资源收集）到 M（品种市场化）的植物品种权价值链网络体系。随着跨国种子企业实行全球化扩张战略，其价值链网络必将延伸到世界的各个目标市场，以便更加方便、快捷地满足目标市场的需求。同时，为了更有效地配置资源以及规避企业所面临的技术风险，每一个跨国公司也极其重视价值链的各链接节点与外部的合作。可见，发达国家的跨国种子企业在植物品种权价值链的构建与运行过程中，既强化企业内部的价值链网络体系，也积极加强与外部网络的链接。

1. 跨国种子企业内部的价值链结构模型

跨国种子企业内部的植物品种权价值链网络的构建是从横向、纵向并购及重组开始的。世界前 10 强的种业公司都有着相类似的扩张路径。以美国孟山都公司（Monsanto Company）为例。1981 年，孟山都公司将生物技术确定为战略研究核心，与华盛顿等多所大学联合开展生物技术科研合作项目。1995—1998 年，孟山都公司通过收购美国卡尔京（Calgene）公司、霍尔顿（Holdens）公司旗下的基础种子公司和全国玉米杂交服务公司、迪卡（DeKalb）生物科技公司等，逐渐将重点调整到农作物种业领域。2000 年，孟山都被美国法玛西亚制药公司并购，成为该公司旗下的全资子公司；2002 年，又与法玛西亚拆分，成为一家独立的农业公司。2004 年，孟山都成立美国种子公司（ASI），负责在资本、遗传研究和技术投资等方面为地方种子业务提供支持，并在同年收购了通道生物公司（Channel Bio Crop）和它的三个种子品牌。2005 年，孟山都以14 亿美元收购了全球领先的蔬菜和水果种子公司圣尼斯（Seminis），[①] 超

---

① 圣尼斯公司总部在加利福尼亚州的欧克斯纳德，向全世界 150 多个国家的水果和蔬菜的种植商、经销商、分销商和批发商提供 3500 多个品种的种子。

越杜邦先锋公司，成为全世界第一大种子公司。2006 年，又以 15 亿美元的价格收购了全球最大的棉花种子公司——美国岱字棉公司。[①] 目前，美国孟山都公司是世界上最大的转基因种子公司，是一家全球性融科研、生产、推广销售于一体的跨国农业生物技术公司。[②]

　　企业内部的植物品种权价值链网络是一种交错的网状结构，每一个环节都是通过企业各部门间通力合作完成的，如先锋公司的杂交玉米种的测试环节，就需要全球 150 多个不同生态区域分支机构的参与。[③] 下面以美国孟山都公司为例，具体介绍跨国种子企业内部的植物品种权价值链。

　　孟山都官方网站显示，公司现有 16 名高级行政官员，分别负责国际商务、财务、企业战略与经营、技术研发、生产制造、投资关系、人力资源、公共事务等部门。孟山都公司建立和推行矩阵型、标准化、自动化、信息化的大规模商业育种程序，建立了高素质的育种研究团队，实行程序化、流水线式的管理机制。在公司内部，研发岗位和人员分工精细，衔接紧密，从实验室到田间操作，从试验设计、实施到数据采集、分析及目标筛选等环节都高度专业化，每个岗位都配有专业研发人员。软件工程师研制了先进的试验数据分析和管理软件系统，实行计算机管理，确保育种研发程序化和标准化，既能保证极高的育种效率，又能稳定研发体系和团队。在其研发创新实践过程中，坚持周密高效的新品种研发流程。从探索发现阶段到推广准备的过程中，各个阶段都会进行大量的阶段性决策验证评估工作，确保新产品的品种领先、质量可靠。可见，在公司内部的价值链网络上，品种权流转的过程已经实现了一定的标准化。图 6.2 结合了本书第二章所介绍的基于品种权流转的植物品种权价值链结构模型图。

---

① 孟山都 [EB/OL]，百度百科（http://baike.baidu.com/view/1696636.htm）。

② Todd, F., Han, H. J., Healy-Fired, M. L., Fischer, M., Schonbrunn, E. Molecular Basis for the Herbicide Resistance of Roundup Ready Crops . Proceedings of the National Academy of Sciences of the United States of America, 2006, 103：13010–13015.

③ 黄钢、徐玖平：《农业科技价值链系统创新论》，中国农业科学技术出版社 2007 年版，第 272 页。

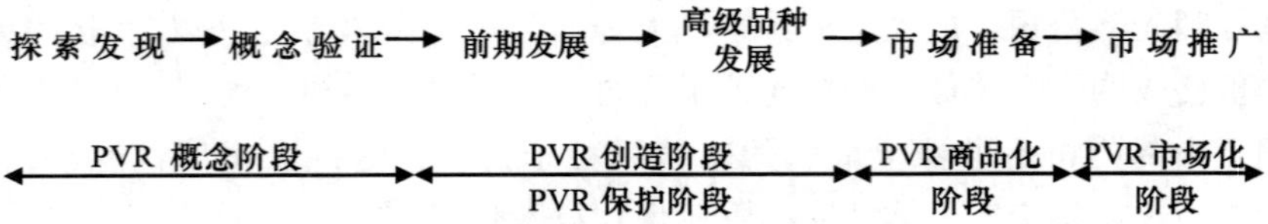

探索发现 → 概念验证 → 前期发展 → 高级品种发展 → 市场准备 → 市场推广

PVR 概念阶段 ｜ PVR 创造阶段 / PVR 保护阶段 ｜ PVR商品化阶段 ｜ PVR市场化阶段

图 6.2　孟山都公司内部的 PVR-VC 结构模型

（1）探索发现阶段（Discovery Phase）。这一阶段主要活动是高产量基因筛选及育种模式测验，参与的对象有数以万计，平均周期为24—48 个月，成功几率为5%。

（2）概念验证阶段（Proof of Concept）。这一阶段主要活动是观察种植作物中基因的性状表现，从而确定优选基因；参与的对象有数以千计，平均周期为 12—24 个月，成功几率为25%。

（3）前期发展阶段（Early Development）。实验室和田间试验相结合，通过对种植作物导入特定基因，获取前期育种数据，根据商业化需求和特定生态区域的适应性要求选育新品种。这一阶段参与的对象有10 家左右，平均周期为 12—24 个月，成功几率为50%。

（4）高级品种发展阶段（Advanced Development）。合理布置多点田间试验，验证杂交或常规育种的综合表现能否通过生物技术处理，以获取管理数据。这一阶段参与的对象不到 5 家，平均周期为 12—24 个月，成功几率为75%。

（5）市场准备阶段（Pre-Launch）。为新品种的大批量生产做准备，确定生产种子的标准，制定详细的市场推广方案。这一阶段参与的对象只有 1 家，平均周期为 12—36 个月，成功几率为90%。

（6）市场推广阶段（Market Launch）。这是整个流程的最后一个阶段，直接通过销售网络流入农户手中。1999 年 5 月，孟山都与嘉吉公司共同投资 1.5 亿美元建立生物农产品开发公司。孟山都利用嘉吉遍布全球的客户信息网，从客户处接受所需产品的订单后，与农民签订生产、收购合同并提供种子，再将收获的农产品利用嘉吉的全球流通网络送到客户手中。

2. 价值链链接节点与外部网络的链接

跨国种子企业植物品种权价值链的各个链接节点都有分布广泛的、

与外部网络的链接点，根据作业分工的不同，对不同资源进行整合，优化资源配置和提高使用效率。如先锋种子公司在100多个国家和地区建立分支机构，通过各种组织、合资合作、销售代理和独立销售等方式进行高产种子的研究与开发、生产和销售工作。具体分为三个方面：与外部育种研发合作方的链接、与外部种子生产合作方的链接以及与外部销售合作方的链接。

（1）与外部育种研发合作方的链接

尽管发达国家的跨国种子企业已经成为品种研发的主体，但由于品种研发的强公益性、非独占性、易扩散性、长周期性等特点，大学、公共科研机构、农民协会等中介机构、投资机构在育种研发过程中仍然扮演着极其重要的角色。

跨国种子企业的育种研发外部链接模式多种多样，有的是在种子的具体性状或育种核心技术上与不同的对象合作（如表6.1所示）；有的是就不同作物品种与不同的对象合作（如表6.2所示）。

表6.1　　　　　　孟山都公司与外部育种研发合作的链接举例

合作者	核心领域	所在国家
巴斯夫公司	产量与抗胁迫力	德国
基因技术公司	大范围核酸酶技术	法国
色瑞斯公司	基因组技术	美国
染色体公司	基因叠加技术	美国
功能基因组公司	抗虫作物	比利时
陶氏益农公司	新技术与性状组合	美国
植物基因组公司	产量、抗胁迫力与化肥利用	以色列
Grassroots 生物技术公司	新遗传因子	美国
孟德尔生物技术公司	生物技术形状	美国

资料来源：《孟山都伙伴关系》，[EB/OL]，孟山都公司网站（http://www.monsanto.com.cn/serving_farmers/CommitmenttoPartnerships4.html）。

表 6.2   孟山都公司与外部育种研发合作的链接举例

合作双方	基本内容
与墨西哥政府研究实验室合作	合作研发适合墨西哥农民种植的抗病毒马铃薯
与菲律宾、马来西亚、泰国、越南、印度尼西亚的国立研究所合作	合作研发抗恶性植物病毒的番木瓜
与肯尼亚农业研究院、国际农业生物技术应用服务组织合作	合作研发抗毁灭性植物病毒的甘薯
与舒莱（Solae）公司合作	合作研发具有改良风味和可溶性蛋白的大豆并合作营销
与德国巴斯夫公司合作	合作研发耐旱棉花品种
与湖南大学签署合作协议	合作研究植物新基因源和属性等

（2）与外部种子生产合作方的链接

发达国家的种子生产基本上是由大型种子公司和经过资质审定的种子生产专业性农场主共同承担。在美国，种子生产基本上由大型种子公司和经过审定的种子生产专业农户共同承担。种子公司与农民签订合同，由种子公司出亲本材料（或基础种子）、技术人员等，农民出地和劳力；农民根据种子公司技术人员的安排进行操作和管理，种子收获后直接交种子公司精选加工。

美国岱字棉公司的生产环节有点差异，它每年与许多栽培者签订玉米和大豆种子的生产合同。繁殖用的种子由栽培者向公司购买，然后按质量保证流程的要求进行种子生产。如果在从种植到收获的整个过程中都能达到公司指定的质量标准，公司有义务用给予栽培者一定的奖金，收购合同中规定用于加工销售的种子数量。

荷兰种子生产高度专业化，进一步证明了种子企业与外部生产合作方链接的必要性。荷兰农业经营主要以家庭农场为主，且农场的生产专业化，机械化程度很高。由农民自愿联合组成的农业合作组织参与新品种的研发，由该组织的作物委员会根据市场需要提出新品种的具体要求，通过"订单"形式给种子公司，由种子公司在规定时间内培育成新品种，品种权归作物委员会。新品种一旦育成，作物委员会通过试验站进行试种，鉴定新品种的稳定程度，同时掌握整个地区的种植技术。

然后，农民以批发价格从种子企业获得新品种进行种子生产。农民自发组织各种农业生产合作社，并逐渐合并壮大，各家庭农场成为生产合作社的"生产车间"，按指令生产。这和我国以前推行的订单农业有些类似，只是生产合作社不盈利，且每年的生产计划由社员大会决定。荷兰政府对这种合作形式也给予了大力支持，甚至允许农民自办信用社，进行资金调剂，同时在贷款方面给予降低利息的政策优惠。荷兰的农业生产合作社发展至今，已经成为农业生产的支柱，不仅在投入品的供应、生产服务、产品销售上起到关键作用，而且其业务拓展到了农业技术推广、新品种试验、新生产技术体系建立、技术培训等方面，稳定了农业技术队伍。

（3）与外部销售合作方的链接

为了拥有不同国家种子市场法律、规定、包装和发运要求的知识和技能，跨国种子公司主要通过实施人才本地化战略，为其拓展跨国业务创造条件。跨国公司主要通过组建、收购、合资等方式整合全球各地本身已具备相当规模的营销网络的种子企业，使自身的营销网络可以在短时间内迅速建立起来。

孟山都公司在美国建有超过70多个种子分拨点，整个种子生产和分拨网络周密高效。种子物流的季节性很强，95%的种子需要在一年中的8个月时间内完成运输。孟山都公司在全球的营销网络如表6.3所示。

表6.3　　　　　　　　　　**孟山都公司在全球营销网络举例**

所在国家	分支机构名称
美国	Emergent Genetics, American Seeds Inc., Channel Bio Corp, Crow's Hybrid Corn, Midwest Seed Genetics, Wilson Seeds, Advanta Canola Seeds, Asgrow 等
墨西哥	Seminis
加拿大	First Line Seeds
巴西	Monsoy, Agroceres
南非	Sensako
英国	Plant Breeding Intl

1998年以来，孟山都、先锋等跨国种子企业与我国的种子企业通过合资、合作等方式，初步建立了覆盖我国主要农区的植物品种权价值

链销售渠道（如表 6.4 所示）。

表 6.4   跨国种子企业与外部销售合作方的链接举例

合作双方	合作内容
先锋公司与登海种业合作	共同投资组建山东登海先锋种业公司，负责苏淮海地区的夏玉米带
先锋公司与甘肃敦煌种业合作	共同投资组建敦煌先锋良种有限公司，负责东北、内蒙等地春玉米带
孟山都与中国种子集团合作	成立中种迪卡种子有限公司，主要生产经营孟山都专为中国玉米市场培育的迪卡系列玉米杂交良种，产品覆盖中国东北、华北、西北和西南等主要玉米种植区
孟山都与安徽种子站合作	成立安徽冀岱棉种技术有限公司，以棉种生产、加工、销售及相关技术开发为主，业务辐射整个长江流域
利马格兰旗下的 Vilmorin Hong Kong Ltd. 与隆平高科合作	成立合资公司，业务将以杂交玉米种子的培育、生产和销售为主

（二）发达国家植物品种权价值链的利益分配情况——以美国孟山都公司为例

跨国种子企业在利益分配原则方面，也遵循着上文所介绍的四大分配原则。由于它们的植物品种权价值链网络以企业内部价值链为主导，因此在四大原则中，又以收益与贡献一致原则、风险分担原则为重点。

在利益分配契约方面，与前面所介绍的契约设计相比较，跨国种子企业具有自己的独特之处：委托—代理模型被弱化。基于激烈的种子行业竞争环境，公司内部各部门之间以及与外部合作者之间的信息共享已经较为通畅，利益分配契约的不完备性有所改善。总的来说，跨国种子企业在利益分配契约的设计方面，仍然遵循不同类型契约的组合和分成制；其中在各链接环节间的分配比例方面，已经形成了一定的标准。尤其在研发投入上，种业巨头都高度重视研发投入，其研发投入保持稳中有升，如孟山都每年研发费用投入占收入的比例均为 10% 左右；先锋种业研发费用也在 10% 以上，被并入杜邦后，每年的研发费用约在 5% 左右。① 已有的研究表明，研发资金投入和技术的提升与公司和行业的高速成长密不可分，研发投入规模与农作物年收益回报率、产量存在正相关关系，并且种子企业若每年的研发经费投入达到当年销售收入的 5%—7% 时，公司在市场中能够保持较强的竞争力。②

由于发达国家植物品种权价值链网络的特点，其利益分配范围既涉及种子企业内部各部门之间的利益分配，也涉及与外部链接合作者之间的利益分配（本书不讨论这种情况）。与外部链接合作者之间的利益分配，一般来说都会在合作协议中有较明确的规定，如品种权归属及收益分成等；企业内部各部门之间的利益分配，往往由企业总部依据业务发展的需要进行调配，这就可能出现某一特殊阶段、某一环节利益分配的特殊化。如 1996—2002 年孟山都在阿根廷实行的低成本销售抗农达大豆与配套农药的举措，没有收取任何技术许可费，其目的在于占领整个阿根廷大豆种子市场；2010 年，孟山都公司在广西 32 个县 580 个村屯进行的田间推广活动，从费用和收益对比来看，整个活动是亏本买卖。③

下面仍然以孟山都公司为例，详细介绍发达国家植物品种权价值链的利益分配情况。在借鉴已有研究成果的基础上，本书主要从可分配利益、第 I 阶段和第 II 阶段的利益分配情况三个方面展开研究。

1. 可分配利益

依据本书第三章节对于 PVR-VC 可分配利益范围的划定，下面分别从销售利润、产品和服务利益、品种权转让或许可收益等七个方面加以详细介绍。

（1）销售利润，这是孟山都公司利润的主要来源。2005 年，孟山都公司就成为全球销售收入排名第一的跨国种子公司。④ 2010 年，孟山

---

①　《种业研究报告之二》，天相投资顾问有限公司，2010 年 1 月 12 日。

②　《美国种业发展历程回顾及借鉴》，长江证券股份有限公司，2011 年 9 月 30 日。

③　胡军华：《跨国巨头孟山都转型：亏本"教育"中国农民》，《第一财经日报》2010 年 7 月 19 日。

④　黄钢、徐玖平：《农业科技价值链系统创新论》，中国农业科学技术出版社 2007 年版，第 268 页。

都公司的年营业额达 105.02 亿美元，税后纯利润为 11.09 亿美元，总资产达到 178.67 亿美元，总资产净值为 101.43 亿美元；总员工数为 21400 人。[①] 2011 年，其年营业额为 118.22 亿美元，净利润为 16.07 亿美元，利润率为 13.59%，运营利润率为 21.16%。[②] 表 6.5 显示了孟山都公司从 2002—2011 年的年销售额、净利润和净利润率的变化情况。从表 6.5 中可以看出，2003—2009 年，孟山都公司的销售额和净利润一直保持上升态势；2009—2010 年，销售额和净利润有所下降；2011 年，状况又有所改善。

表 6.5　孟山都公司 2002—2011 年总销售额、净利润和净利率情况 （亿美元；%）

年份	2002	2003	2004	2005	2006	2007	2008	2009	2010	2011
销售额	46.73	33.73	54.57	62.94	73.44	85.63	113.65	117.24	105.02	118.22
净利润	1.29	-0.11	2.67	2.55	6.95	9.93	20.24	21.22	11.09	16.07
净利率	2.8	-0.3	4.9	4.1	9.5	11.6	17.8	18.1	10.56	13.59

资料来源：据《孟山都公司年报》数据，经作者整理。

　　孟山都的业务领域具有比较强的互补性，既可以实现产品的捆绑销售，也能通过农化产品提供高质量的服务而增加用户对企业的忠诚度。而种子产品是孟山都公司的主业，2004 年、2006 年、2007 年三年种子业务销售额分别为 28.0 亿美元、40.3 亿美元、49.6 亿美元，分别占当年总销售额的 51.3%、54.9%、57.9%。孟山都公司的种子业务毛利润率一直保持着稳定，如表 6.6 所示，始终保持高于 60%。其中，2008 年，该公司的种子业务毛利润率为 60.56%，毛利润达到 35 亿美

---

① 2010 Form 10-K, Monsanto Company. United States Securities and Exchange Commission, Washington, D. C. 20549.

② 《孟山都财务摘要》［EB/OL］，网易财经——美股行情（http：//quotes. money. 163. com/usstock/hq/MON. html）。

元，净利润为 20.24 亿美元。①

表 6.6　　　　孟山都公司 2005—2009 年的种子业务毛利润率　　　（％）

年份	2005	2006	2007	2008	2009
孟山都	60.95	61.12	60.72	60.56	61.45

资料来源：靖飞、李成贵：《跨国种子企业与中国种业上市公司的比较与启示》，《中国农村经济》2011年第 2 期。

　　（2）产品和服务的利益。以孟山都公司提供的配套农药为例。2000 年，孟山都在公司年报里提出了种子与农药的整合销售模式。由于经基因技术改造的新种子，对农药、化肥具有特殊要求，只能使用配套的农药、化肥才能起到除草、杀虫、增产的效果。因此，孟山都公司配套生产了农达（Roundup）除草剂，而抗农达转基因种子只有使用这种除草剂才可以免疫，这样孟山都公司就实现了种子与农药的捆绑销售，从而获利。2008 年第二财季，孟山都公司玉米种子销售额达到 17亿美元，增长了约 42%；而农达等除草剂的销售额也相应增加了 85%，达到 9.82 亿美元。②

　　（3）品种权转让或许可收益。2003 年，中国石化陆续购买了孟山都在中国以及东南亚市场的 18 个农药品牌，并获得了"农达"品牌在国内及菲律宾的独家使用权。③ 2009 年，孟山都公司授予瑞士先正达公司大豆种子品牌的许可使用权，虽然没有此项交易的具体金额，但此举扩大了孟山都 Roundup Ready 2 Yield 大豆技术的潜在商业价值，这将为孟山都公司带来更多的收益。同年，先正达公司签署协议收购了孟山都旗下包括种质资源、杂交种子开发与培育在内的全球向日葵业务。④

---

　　①　黄钢、徐玖平：《农业科技价值链系统创新论》，中国农业科学技术出版社 2007 年版，第 268 页。

　　②　《种子和除草剂热销，孟山都公司盈利翻番》，《山东农药信息》2008 年总第 44 期。

　　③　《商标、品牌、竞争力》[EB/OL]，2010-10-28，价值中国网（http://www.chinavalue.net/Management/Blog/2010—10—28/504220.aspx）。

　　④　Synegenta to Acquire Monsanto's Global Sunflower Assets，[EB/OL]，2009-8-6，孟山都公司官方网站（http://monsanto.mediaroom.com/index.php？s=43&item=733）。

（4）技术成果。按照国际惯例，专利一旦进入商业化推广阶段，其持有人就有权要求使用者停止使用或支付高昂的使用费。孟山都公司是善于利用农业基因专利获取利益的典型。其商业运作模式，就是一方面生产、销售转基因作物种子，同时利用获准的转基因作物种子专利保护出售专利技术，通过技术垄断占领市场并获得高额利润。如孟山都建立了一个异常坚韧的专利金收集体制。专利金是以"技术费用"或转基因产品的额外附加费用的形式收取的，一般在销售种子时收取30%或以上的种子价格。农民购买种子时需要签订一个"技术使用协议"，保证他们绝不在收获时留下转基因种子进行再播种。即使有农民为了抵抗专利金体制而拒绝使用孟山都的种子，也将失去抵抗污染的法律保护，甚至会因为风媒或虫媒授粉而存在被起诉的风险。

（5）商誉、品牌和商标。在激烈的竞争中，孟山都公司非常重视企业的信誉和品牌效应。为了建立自己的信誉，培育自己的品牌，连种子袋、标签都印有公司名、地址和承诺。以迪卡品牌为例。孟山都一直宣扬，迪卡玉米与生俱来与农民有着深厚的联系，是值得信赖的。

（6）顾客忠诚度。从孟山都公司的大豆种子和玉米种子在全美的市场占有率，可以非常清晰地了解顾客对其种子的忠诚度（如图6.3和图6.4所示）。

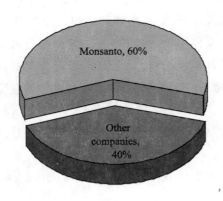

图6.3　孟山都大豆种子在全美市场所占的份额

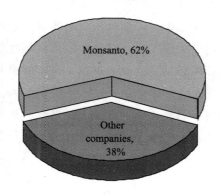

图 6.4　孟山都玉米种子在全美市场所占的份额

（7）社会形象。凭借强大的资金实力和宣传力度，孟山都公司在全球范围内展开大规模的技术培训、管理培训、广告宣传和消费教育。孟山都公司利用媒体宣传转基因作物的产量很高，不会污染环境（如所需杀虫剂较少），等等。在印度，孟山都公司就利用印度神话中的神猴形象来推销自己的产品；同时，宣扬其销售的种子能将妇女从土地上解放出来，可以让她们有更多的时间去照顾小孩或接受教育。孟山都公司还积极向发展中国家提供捐助，如 1998 年孟加拉共和国洪灾期间，它免费将杂交的土豆种子和其他蔬菜种子发放给受灾农民；2011 年，向中国妇女基金会捐赠 20 万美元，用于"孟山都中国绿色乡村"第三期项目的发展。①

（8）学习和经验。孟山都公司也与先正达、杜邦、陶氏化学等公司进行合作，相互之间交叉授权。

2. 第 I 阶段利益分配情况

孟山都的科研育种工作是从 1970 年开始迅速扩展起来的。在 1970 年以前，育种工作主要是由大学、研究所、试验站等公共科研机构进行并无偿提供使用；在 1970 年颁布实施《植物新品种保护法》后，美国的新品种培育发生了极大的变化，私有种子企业的研发投入大大增加并

———————

① 静萍：《孟山都捐赠 20 万美元助广西山村解决饮水难题》，《农民日报》2011 年 9 月 28 日。

超过了公共机构的投入比例，育种速度和新品种的数量大大增加，这极大地改变了种子行业的面貌，并使科研成果的回报超过了投入，形成了良性循环。有专家指出，研发投入规模与农作物年收益回报率、产量存在正相关关系。逐年增长的研发投入规模是研发回报率逐渐提高以及孟山都规模快速增大的重要原因。研发投入规模的加大，一方面有利于孟山都巩固自身市场份额与种子市场竞争力，育种新技术的不断革新使企业的产量规模快速上升；另一方面由于研发投入具有较高的平均回报率，促使孟山都在这一期间完成了一系列横向、纵向并购，市场占有率大幅提升。①

　　更为重要的一点是，育种研发成果在孟山都企业内部各环节之间流转中无需为利益分配进行大量谈判，降低了交易成本。许多育种创新成果可以按并行工程模式推进，各个环节的链接效率高，品种转化率提升，市场化进程加快。由于在统一企业的内部，目标明确，各个环节容易形成合力，稳定性好，协调性强。如孟山都公司内部设有一个 CROP TEAM（作物管理团队），该团队集合了各部门（包括研发、生产和销售等）的负责人，定期开会，互相了解工作进度、信息共享，共同对运营方向和执行方式作出决策，确保公司各项业务环节的连贯性和有效性。

　　公开资料显示，孟山都每天投入超过 260 万美元（以一年 365 天计算，每年投入约合 66 亿元人民币）的经费用于研发并将新品种投入市场。② 在研发费用方面，2004—2010 年，孟山都公司的研发费用一直保持上升态势，增幅达到 136.74%，2010 年达到 12.05 亿美元，占公司主营业务收入的 11.47%；③ 而且研发费用的占比一直保持在 8% 以上（如图 6.5 所示）。研究显示，若种子企业每年的研发经费投入达到当年销售收入的 5%—7%，该企业在市场中能够保持较强的竞争力。④

---

① 《美国种业发展历程回顾及借鉴》，长江证券股份有限公司，2011 年 9 月 30 日。
② 李欣：《孟山都法则》，《证券市场周刊》2011 年 4 月 2 日。
③ 《美国种业发展历程回顾及借鉴》，长江证券股份有限公司，2011 年 9 月 30 日。
④ 同上。

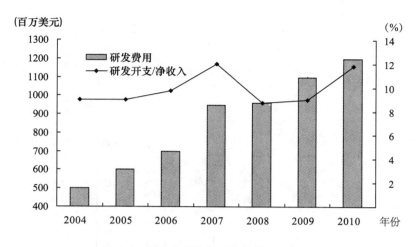

图 6.5　孟山都研发支出及研发支出占比

　　据专家估计，孟山都的农业研发实力可以与整个中国相匹敌。孟山都不但拥有许多著名的实验室作为研究机构，还通过一系列收购活动以及与各大学建立合作关系，将许多世界上最先进的技术揽于旗下。在研发创新过程中，孟山都公司以高水平、广适应的新品种研发作为提升植物品种权价值链创新能力的关键，通过增加植物品种权价值链网络系统中各个节点的收入或降低各个节点的成本等方式，达到强化其核心竞争能力的目标。因此，研发投入的回报可以通过其种子业务收入的变化情况间接反映出来。

　　图 6.6 反映了 2004—2010 年孟山都公司种子业务收入占比及增速情况。从图 6.6 中可以看出，种子业务收入基本保持上升态势（只有2008 年受经济危机影响而出现下滑），复合增长率达到 21.09%，营业利润复合增长率达到 22.11%；而且 2010 年公司种子业务收入达到76.11 亿美元，与 2004 年相比，上升了 29.69%，达到 72.47%。①

---

　　①　《美国种业发展历程回顾及借鉴》，长江证券股份有限公司，2011 年 9 月 30 日。

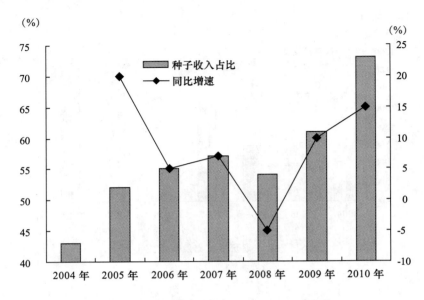

图 6.6   孟山都种子业务收入占比及增速

对比图 6.5 和图 6.6 可以发现，2004—2010 年（正好是全球种子行业发展和孟山都公司成长的时期），孟山都公司在研发费用高速提升的同时，其种子业务收入也随之较大幅度地增长。

3. 第 II 阶段利益分配情况

基于第五章的博弈分析以及孟山都公司自身的特点，本节主要讨论三个方面的问题：一是孟山都的品种营销模式；二是孟山都所支付的巨额监督费用；三是孟山都所索取的惩罚补偿。

（1）品种营销模式

在品种营销模式上，孟山都公司主要采用代理商制。自 19 世纪初美国棉花贸易出现代理制以来，随着社会分工和生产专业化的深入发展，代理商制已经成为发达国家普遍采用的流通模式。具体来说，孟山都公司实行的代理商制是指种子批发商通过代理契约形式与孟山都订立代理协议，取得新品种销售权，从而形成长期稳定的产销合作关系的一种合作形式。两者之间的关系依靠具有法律效力的契约来维护。一方面，种子批发商要严格执行孟山都确定的种子定价；另一方面，孟山都为了在保持现有市场份额的基础上开拓新的市场，会对种子定价规定一个大致的波动范围，批发商一般只能在这个范围上下浮动而不能随意超过。在一般情况下，批发商按销售额或采购额的固定比例提取佣金（上章所讨论的返利实际上就是批发商按销售额的固定比例提取的佣金），且批发商不承担市场风险，但在销售过程中发生的费用需要自理。

为了更好地刺激批发商的工作努力水平，孟山都公司会设定销售配额（实际上就是上一章所讨论的理想状态下的最优订货量问题）。一般来说，实际情况下的销售配额要大于理论上的最优订货量 Q'^*。除了销售总量的配额之外，孟山都也会就转基因与非转基因种子的销售比例进行配额。如在巴西，孟山都通过收购当地种子销售公司等形成取得对当地种子市场的控制后，就开始设定销售配额 [即要求种子零售商销售 85% 的抗草甘膦除草剂转基因大豆种子（GM RR Soy Seed）以及销售 15% 左右的非转基因品种①]，设法拉动转基因种子的销售，并逐步减少农民获得非转基因种子的机会。为此，巴西 Mato Grosso 大豆生产者协会（APROSOJA）以及巴西非转基因粮食生产者协会（ABRANGE）抱怨孟山都公司通过对种子零售商施加销售配额的方式限制农民获得传统的非转基因大豆种子。

在中国，孟山都采用总代理（General Agent）模式。总代理是指委托人在指定地区的全权代表，他有权将指定地区作进一步细分，委托下放给区域代理（即下一级经销商）。目前，孟山都的业务范围涉及大田作物和蔬菜种子，通过与国内企业合作成立合资企业，由合资企业负责某类种子的国内销售。以中种迪卡有限公司（以下简称"中种迪卡"）为例，2001 年成立的中种迪卡主要生产经营孟山都为中国玉米市场培育的"迪卡系列"玉米杂交良种。中种迪卡的组织机构设置如图 6.7 所示，其中销售部经理下设区域销售经理，负责不同区域内的玉米种销售；区域销售经理下还设有销售代表。

---

① Macedo, D. Agricultores reclamam que Monsanto restringe acesso a sementes de soja convencionai (Farmers complain that Monsanto restricts access to conventional soybean seeds). Agencia Brasil, 2010, May 18.

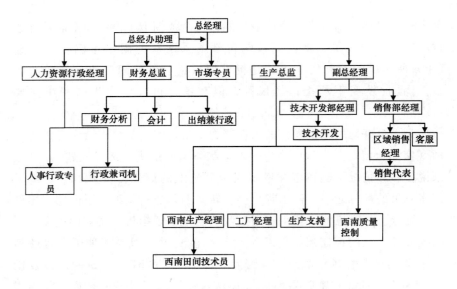

图 6.7   中种迪卡有限公司的组织机构

资料来源：中种迪卡组织机构，［EB/OL］，2012—03—15，中种迪卡有限公司官方网站（http：//www. cndkseeds. com/about. php？id＝3）。

实际上，孟山都在中国的发展并不尽如人意。2010 年孟山都全球销售额为 105 亿美元，而中国业务占全球不足 1/100。[1] 2011 年的数据显示，孟山都在中国仍处于净投入阶段。[2] 它正针对东北、山东、河北地区的玉米品种加大研发力度及品种驯化，相关品种已经进入了品种审定程序，希望在未来 2—3 年内实现销售。在中国的市场推广环节实行"一拉一推"理论：一方面拉动农民的需求，一方面通过营销渠道进行产品推广；其中以拉动为主。农民的需求，更多的是通过合理配送的物流、及时有效的服务来拉动的。具体的拉动做法主要是田间示范，即在销售前对照实验、示范种植，并在不同的作物生产季请当地农民和经销商来田间地头亲自观摩，这种雪球效应需要慢慢推广和积累。

（2）监督费用

---

① 《孟山都中国业务收入不足全球 1/100》［EB/OL］，2011—4—28，网易财经（http：//money. 163. com/11/0428/23/72P077IG0025260 3. html）。

② 李欣：《孟山都法则》，《证券市场周刊》2011 年 4 月 2 日。

孟山都公司为了保护自己的利益，大力打击筛选种子以便留种的农民，甚至动用私人调查公司（1988 年，孟山都公司就雇佣平克顿公司为调查公司）对农民进行定期检查，以不告知的方式从他们的农场取得样本进行调查。同时，孟山都公司还设立举报热线，以鼓励农民之间相互举报。据报道，孟山都公司有 1000 万美元的年预算及 75 名员工专门从事调查及对农民提起诉讼。①

（3）惩罚补偿

从 1998 年开始，孟山都公司开始在美国范围内起诉存在留种（抗除草剂"草甘膦"大豆种子）行为的农民。当年，平克顿公司调查了 1800 多名农民和遍布全美的种子经销商，共发现 475 起侵权事件。被起诉的爱荷华州、伊利诺伊州和肯塔基州的每户农民被迫向孟山都公司支付高达 35000 美元的罚款。② 为保护知识产权，美国允许生物技术公司对擅自使用转基因种子的农民给予严厉的处罚。依照这一规定，孟山都对未经允许播种该公司种子的农民可以收取每公顷 1200 美元的罚款。③

孟山都不仅向农户索取补偿，也向其他种子公司索取补偿。早在 2009 年孟山都就起诉先锋种业有限公司利用孟山都开发的专利技术（2010 年，法院判决孟山都胜诉）。2011 年 12 月，孟山都向圣路易斯地区法院提起诉讼，起诉杜邦收购的六家种子公司未支付其专利使用费。孟山都在诉讼中称，杜邦先锋在 2007 年的默许行为使其损失了千万专利税，要求杜邦公司支付包含草甘膦大豆和玉米种子技术的专利费用。④ 该案件仍在处理当中。

二　启示

与国外植物品种权价值链相比较，我国的植物品种权价值链构建还

---

①　The Center for Food Safety. Monsanto vs. U. S. Farmers, 2005.

②　Ronnie Cummins, Little Marais, Minnesota. "Monsanto Under Attack," *Motion Magazine*, 1998（11）.

③　杨超：《孟山都神秘的转基因推手》，《商界》2010 年第 4 期。

④　《孟山都起诉杜邦收购的六家种子公司》［EB/OL］，2011—12—21，世界农化网（中文网）（http：//cn. agropages. com/News/NewsDetail——2781. htm）。

处于起步阶段。这种落后状况是计划经济体制下中国种业对市场经济低适应能力的惯性延续。我国种业市场发展起步较晚，"九五"以前，种子行业是完全的计划管理体制，科研、繁种、推广和经营是完全割裂的四个环节。从 2000 年开始实施"种子工程"后，种子行业才开始向市场化方向发展，种子企业进入整合期，逐渐出现能够完成制种、加工、推广和销售等多个环节的企业，但仍然良莠不齐。2011 年，我国种子企业整体市场规模达到 500 多亿元，持证种子经营企业达 8000 多家，[①]其中育繁推一体化的企业有 80 多家。与国内大多数种子公司相比，部分上市公司，如登海种业、奥瑞金种业、隆平高科、德农种业等在新品研发、生产标准化、营销网络等方面都处于领先水平（如表 6.7 所示）。然而，这些上市种业公司所取得的业绩却与人们对它们的预期相去甚远，市场占有率并不高。以 2009 年我国玉米品牌市场占有率为例，登海种业占 6.4%，德农占 6.31%，奥瑞金占 3.6%，都不具有明显的优势。

通过对比中外植物品种权价值链情况，可以发现我国植物品种权价值链运行及利益分配情况存在如下问题。

表 6.7　　　　　　　　　　　四家典型种子企业的关键环节要素

	科研育种	制种生产	营销模式	核心优势
山东登海种业股份有限公司	玉米科研和人才储备在国内居领先地位	以委托代繁为主，质量一般	代理商制	科研和品种资源
北京奥瑞金种业股份有限公司	正在加大玉米科研的投入，现阶段仍以购买品种为主	以甘肃为主要生产基地，质量控制程序严格，种子质量较好	以县级代理为主，对销售渠道的控制能力强，管理规范	品种市场推广和管控能力强，品牌形象佳

---

① 《全国农作物良种覆盖率达 95%，粮食增产贡献率达 40%》［EB/OL］，2011—11—22，中国网（http：//news.china.com.cn/txt/2011—11/22/content_ 23977353.htm）。

续表

	科研育种	制种生产	营销模式	核心优势
安徽隆平高科种业有限公司	依托国家杂交水稻研究中心，其两系水稻组合具有明显的优势	以自繁为主，主要生产基地湖南、四川，质量水平不稳定	代理和终端直营（以松散型的零售店为主）模式相结合	品牌优势和双季稻品种资源优势
北京德农种业有限公司	初期以大量的品种购买为主，现已建立自己的多家科研所，单季稻有优势	以自繁为主，水稻主要生产基地在四川和湖南	在重点区域全部采取专卖店＋特许经销店的模式，新市场则以代理制切入	集团具有较强的行业资源整合能力；拥有国内种业最庞大和完善的销售网络资源

资料来源：《中国种业市场状况与未来竞争优势》〔EB/OL〕，2006－2－10，新浪财经，（http：//finance. sina. com. cn/leadership/case/20060310/19072408235. shtml）。

（一）种子企业的科研实力薄弱，主要依靠与外部合作

种子企业的科研实力薄弱，主要表现在：①在我国，由于长期大田作物市场垄断和封闭，仅靠蔬菜种子市场发展起来的种子企业规模都不大，缺乏具有强大竞争力的龙头企业，没有足够的资金用于育种研发；②国内相当多的种子企业是从当地种子管理站独立出来或者供销社更名之后成立的，都主营种业销售、配送等业务，没有足够的科研人员和科研条件。2010 年，拥有自主品种权的企业也就 100 多家，其申请量占总申请量的1/3（还包括购买申请权的情况）。[①]

正是基于以上两点原因，国内的种子企业往往通过购买新品种或者与其他企业合作的方式获得品种权，进行生产和销售。

（二）价值链管理松散，品种权价值增值能力差

由于长期的市场区域垄断和封闭，中国种子市场的发展远没有成熟。大多数上市种业公司没有经销自育品种，主要是从外部科研单位购买，呈现出一个品种多家经营、竞争混乱的局面，种子市场价格和种子质量难以得到有效控制。整个植物品种权价值链的科研和生产环节脱

---

① 《2010 年中国种子市场专项研究报告》〔EB/OL〕，http：//wenku. baidu. com/view/2a7f7d294b73f242336c5f06. html？from＝rec&pos＝0&weight＝240&lastweight＝88&count＝5。

节，主要表现在：一方面，科研机构及育种者在转让品种时，种子公司一般不愿意支付或支付不起转让费，科研机构积极性受到严重影响；另一方面，品种私下转让、亲本流失的现象比比皆是，品种扩散严重。

松散的价值链管理导致了新品种从育种到市场销售整个过程的高风险、低回报，品种权价值增值能力差，成员间的利益分配冲突较多，价值链难以顺利运行，极易断裂。

（三）育种研发投入资金少

种质资源和育种人员主要集中在科研教学单位，种子公司缺乏培育品种的实力，科研投入少。跨国公司的科研投入一般占到收益的 8% —12%，而国内企业研发投入平均不到销售收入的 1%，[①] 国内种业前 10 强的研发投入占销售收入的平均比率也仅为 3.7%。[②] 育种投入的不足，必然导致难以获得预期创新品种，后续发展乏力。

（四）营销网络的冲突较多，成本偏高

品种营销网络的冲突主要表现在三个方面：①大部分种子企业与经销商之间的交易价格协商冲突。双方之间是交易型关系，种子经销商更加注重眼前利益，即良种的批发（或零售）价格，当价格超出其心理预期时，容易引起彼此间的冲突。②不同区域间的窜货现象严重。为了获得更高的市场占有率，一些种子企业盲目扩张，设立的经销店太多，最终失去了控制，造成恶性窜货。③种子企业与制种农民之间就种子收购价格存在冲突。在种子供给不足年份，种子企业收种难；而在种子供给过量年份，有些种子公司又会故意压低价格，甚至不收种。

营销网络间的冲突现象，必然导致整个营销渠道上的成本偏高，包括流通成本和网络维护成本等。此外，我国种子企业规模不集中、农户购买力分散等原因也是造成营销网络成本高的原因。

---

① 《2010 年中国种子市场专项研究报告》 ［EB/OL］，http：//wenku. baidu. com/view/2a7f7d294b73f242336c5f06. html？from = rec&pos = 0&weight = 240&lastweight = 88&count = 5。

② 王学军、宋敏：《国际化背景下中国种业竞争力分析》，《中国种业》2009 年第 2 期。

三　政策建议

基于以上分析，现就改善我国植物品种权价值链运行及利益分配情况，提出七点对策建议。

（一）坚持种子企业在 PVR-VC 上的核心地位

从国际种业发展实践看，种子企业是国家种业发展的主要载体，必须坚持和巩固其核心地位。美国种业正是因为存在孟山都、杜邦—先锋等跨国种子公司，才带动了本国农业的发展壮大，并对全球农业和经济发展产生了重要影响。

种子企业的核心作用突出表现在：通过协调价值链上的信息流，降低品种权流通过程中的成本，使种子市场需求信息准确及时地到达价值链中的相关节点，使育种、繁种更有计划性，从而减少各节点成员所承担的市场风险。2011 年 4 月出台的《国务院关于加快推进现代农作物种业发展的意见》的基本原则之一就是，坚持种子企业的主体地位。种子企业作为核心成员，是 PVR-VC 的主体，价值链联盟运作的好坏以及整个价值链竞争力的大小在很大程度上取决于种子企业的协调能力。具体措施如下：

（1）加快培育"育繁推一体化"的大型种业集团。建立商业化育种体系，鼓励"育繁推一体化"种子企业整合现有育种力量和资源，充分利用公益性研究成果，按照市场化、产业化育种模式开展品种研发，逐步建立以企业为主体的商业化育种创新机制；积极推进构建一批种子产业技术创新战略联盟，为有实力的"育繁推一体化"种子企业建立品种审定绿色通道。

（2）加大对企业品种原始创新的支持力度。按照"资格认证、定期复审、优进劣退"的原则，择优支持一批规模大、实力强、成长性好的"育繁推一体化"种子企业开展商业化育种；中央财政应增加对"育繁推一体化"种子企业的投入，支持引进国内外先进育种技术、装备和高端人才，并购优势科研单位或种子企业，促进"育繁推一体化"种子企业的发展壮大。

（3）鼓励科技资源向企业流动。支持从事商业化育种的科研单位或人员进入种子企业开展育种研发，发挥市场机制的作用，鼓励科技资源的合理流动。企业所在地政府要参照有关政策解决进入企业科研人员的户籍问题。

（二）种子企业必须坚持育繁推一体化的发展方向①

纵观世界十大种子公司，尽管其发展轨迹大相径庭，企业优势和特点也不尽相同，但都坚持了育繁推一体化的发展模式。在育种研发、繁育制种、营销管理和推广服务上，跨国种子公司拥有"从上游技术研发、中游产品物化和下游价值实现"的一套功能完整、衔接紧密、运转高效的产业链条，企业只有通过这个产业链才能将潜在的科技创新理念转化为现实的商业市场价值，以实现利润最大化。从育繁推内部结构来看，通过上游品种研发，为下游推广提供源源不断的创新性技术产品，同时下游推广服务与生产实际结合紧密，可将实际生产需求直接反馈到育种研发环节，使其及时优化调整育种目标和方向，研发适合要求的新品种、新技术。这也是孟山都由一个纯粹技术型企业发展为育繁推一体化跨国公司的重要原因之一。这些跨国公司不仅有强大的研发实力、雄厚的资金和人才优势，还有成熟的市场策略、运作技巧和科学的管理能力。特别是在市场竞争日益加剧的今天，种业发展更加依赖于科技进步和技术创新，种子企业只有实行育繁推一体化，才能更好地开发出具有自主知识产权和广阔商业化前景的优良品种，以品种优势带动产品优势，进而形成企业优势，实现做大做强的发展目标。

（三）强化 PVR-VC 合作成员间的协作

PVR-VC 节点成员间的协作是指价值链各节点成员为了提高价值链的整体竞争力而进行的彼此协调和相互努力。这里的一个重要基础就是合理选择价值链上的合作伙伴。合作伙伴的选取是一个有意识的、复杂的活动过程，它极大地影响着供应链上每一个成员的切身利益。与精心

---

① 《关于美国农作物种业的考察报告》［EB/OL］，2012-2-1，中国种子协会网（http://www.cnsa.agri.gov.cn/sites/MainSite/Detail.aspx? StructID=3450）。

挑选的育种方和分销商构建 PVR-VC 后，育种方、种子企业和分销商可以通过协商解决品种研发、生产、销售等一系列问题，将使各方都受益。对种子企业而言，与育种方建立合作关系有如下益处。

（1）新品种从研发到销售的时间缩短。种子企业可以充分利用育种方的研发专长，将焦点集中于自己的核心竞争优势，专注于品种的商品化和市场化，从而使新品种进入销售渠道的时间缩短。

（2）降低生产成本。种子企业可以利用与育种方的合作关系，更多地参与品种的研发工作，使市场信息能及时地反馈给育种方，从而减少重复研发或无效研发所产生的各种成本。

（3）增加农户的满意度。对育种方而言，合作伙伴关系建立后，种子企业可以向其进行投资，降低其技术风险，并得到其技术支持。

因此，必须精心挑选 PVR-VC 合作伙伴，以确保"双赢"。PVR-VC 合作伙伴的选择程序可以借鉴供应链领域的研究成果。如马新安等（2000）将供应链合作伙伴的确认过程划分为四个阶段：合作伙伴的粗筛选→合作伙伴细筛选→合作伙伴的精炼和确认→合作伙伴的跟踪评价。面对众多的潜在合作伙伴，种子企业必须能够较快地对潜在对象进行筛选，缩小可供选择对象的数目；在合作关系建立后，种子企业应当跟踪合作成员的工作努力水平，建立相应的评价机制，并根据市场环境的变化，维系或删除合作伙伴关系。

（四）建立可操作性强的利益分配模式

当前，关于 PVR-VC 成员间的利益分配模式更多地停留在理论层面，主要是因为与成员获益直接或间接相关的因素多且复杂，如成员的工作努力水平、讨价还价能力、对价值链的投入与贡献等因素都很难量化计算。本书所构建的两阶段 PVR-VC 利益分配契约，然从理论上给出了成员间进行利益分配的解决方案，但只是从数学形式上看起来比较完美，仍然欠缺实用性。因此，未来对 PVR-VC 利益分配模式的研究，应更多地考虑其实用性。

（五）建立科学的 PVR-VC 绩效评价体系

在 PVR-VC 的利益分配中，依照收益与贡献原则，对价值链贡献大的成员，应该获得更高的收益份额。但这种分配需要公平有效的绩效评价平台作为支撑。因此，建立科学的 PVR-VC 联盟绩效评价体系，可以清楚认识联盟中各成员各自的投入为实现 PVR-VC 联盟整体收益所起到的促进作用，明确分辨各成员在联盟整体获利过程中所作出的贡献。这样一来，就可以此为依据，更加公平有效地进行利益分配。

简单来说，可以从五个方面衡量 PVR-VC 联盟绩效：

（1）PVR-VC 的运营成本。运营成本是指价值链各节点成员进行研发、生产或销售活动所花费的成本。

（2）PVR-VC 的响应能力。响应能力是指新品种从育种方案构思到最终到达种植农户的速度。

（3）PVR-VC 的柔性。柔性反映了 PVR-VC 应对市场需求变化的灵活度。

（4）PVR-VC 的可靠性。可靠性描述了 PVR-VC 新品种生产的绩效，包括育种研发的成功、育种预期目标的实现、品种标准化的实现等方面。

（5）PVR-VC 的运营绩效。

（六）搭建 PVR-VC 的信息管理平台

首先，建立合理的信息沟通渠道。价值链成员间有效合作的条件之一就是保持良好的信息共享。但是，由于 PVR-VC 成员间在技术背景、管理模式、追求目标等方面存在较大差距，成员间无法实现良好的信息沟通。为使成员间信息沟通保持顺畅，应采取如下具体措施：①尝试多渠道沟通。②在成员合作过程中建立相应的监督与惩罚机制，以防范投机行为。如引入信誉监督制度，借助中介机构，建立信誉档案，评定成员方信誉等级，并负责信誉信息的传递。③规范激励机制，如建立公平合理的利益分配与风险承担机制等，做到既有约束又有鼓励，以消除合作伙伴的投机心理，建立起相互信任的关系。

其次，建立合理的信息反馈路径。信息反馈路径主要包括两方面：①本书设计的 PVR-VC 利益分配契约将整个价值链分成两个阶段，成员的任务也将分为若干阶段性任务。在每一个阶段结束之后，种子企业应根据契约的规定，对成员的任务完成情况进行检查，以此作为成员所获收益的衡量标准。如果成员没有按照约定完成任务，种子企业应当根据该成员的自身影响因素与不确定影响因素，采取惩罚、激励、解约等措施进行调整，避免遭受更严重的损失。同时，种子企业也应根据成员的任务完成情况、成员的行动以及成员行动的结果来调整其任务。②在每个阶段合同的履行过程中，企业也应根据任务的不同特点，不定期对合作研发进行检查。当成员由于自身条件因素或客观不可抗拒因素而发生风险态度转变时，种子企业能够及时发现，并做出相应的调整。

（七）加大政府的监管力度

（1）严格履行品种审定和保护措施。进一步规范品种区域试验、生产试验、品种保护测试、转基因农作物安全评价和品种跨区引种行为，统一鉴定标准，提高品种审定条件，统筹国家级和省级品种审定工作，加快不适宜种植品种的退出。完善植物新品种保护制度，强化品种权执法，加强新品种保护和信息服务。

（2）重视种子生产标准化。世界发达国家都十分重视优质种子的生产，AOSCA、OECD 的种子认证管理以及欧盟国家的强制性种子认证制度，都把生产技术的标准化作为种子工作的重点。我国政府应对农作物优良品种和种子的特性，种子生产加工，种子质量，种子检验方法，种子包装、运输、贮藏等做出科学明确的技术规定，并制定一系列可行的技术标准。

（3）强化市场监督管理。严格种子生产、经营行政许可管理，依法纠正和查处骗取审批、违法审批等行为；全面推进县级农业综合执法，加强种子行政许可事后监管和日常执法，加大对种子基地和购销环节的管理力度，严厉打击抢购套购、套牌侵权、生产经营假劣种子等行为，切实维护公平竞争的市场秩序。

（4）加强农作物种业国际合作交流。支持国内优势种子企业开拓国外市场。鼓励外资企业引进国际先进育种技术和优势种质资源，规范外资在我国从事种质资源搜集、品种研发、种子生产、经营和贸易等行为，做好外资并购境内种子企业安全性的审查工作。

第七章 研究结论与进一步研究的意义

一 结论

本研究在大量查阅分析国内外相关文献、发放调研问卷、实地调研的基础上，以价值链、技术创新、知识产权经济学、博弈论等理论为指导，运用类比分析、统计分析、图例分析等方法，重点从理论认识、结构模型、契约设计等方面，对植物品种权价值链利益分配问题进行了细致研究。具体的研究结论如下：

（1）植物品种权价值链的定义及构建。植物品种权价值的实现过程是将品种权所包含的信息在物质载体（植物新品种）上进行转移的过程，在其法律生命周期内，其价值可以被多次实现；某一个品种权持有人所持有的价值可能是全部价值的一个点或子集。因此，将植物品种权价值实现的整个过程串成一个链条，并称其为"植物品种权价值链"。它的特点表现为：链接节点的开放性与鲁棒性、链接的多方向性、链接的可间断性、价值的增值性等。

（2）植物品种权价值链利益分配契约的设计。植物品种权价值链成员间的合作关系实质上是委托—代理关系，彼此需要寻找合适的利益分配契约。种子企业作为委托人，向育种方和分销商提供不同的利益分配契约，从而能够达到更好的激励效果。除了基于委托—代理理论的思路分阶段设计利益分配契约外，在具体设计每一阶段契约时，还应考虑契约组合、分成制、契约参数设置等问题。

（3）构建"影响因素—利益分配契约绩效"概念模型。在模型中，将成员因素和过程因素确定为外生潜在变量，而利益分配契约绩效是内生潜在变量。其中成员因素包含工作努力水平、讨价还价和对价值链的投入三个观察变量；过程因素包含合作模式、对价值链的贡献、惩罚措施和风险因素四个观察变量；利益分配契约绩效包含价值链经济效益、契约适应力和合作关系三个观察变量。在此基础上，提出了十个研究假说。实证结果表明，在设计 PVR-VC 利益分配契约时，要想达到合理、有效、公平的目的，就必须综合考虑成员和价值链运行过程两方面因素。

（4）植物品种权价值链利益分配契约的博弈分析。整个 PVR-VC的可分配利益通过事前约束、事后调节的方式在各成员间完成分配。事前约束阶段，在利益分配系数的基础上，引入创新成本补贴因子和惩罚因子对植物品种权价值链利益分配契约进行博弈模型分析，有效地激励育种方与分销商参与植物品种权价值链的积极性。事后调节阶段，选用Shapley 值法，依照 PVR-VC 利益分配原则及利益分配影响因素分析，构建事后阶段植物品种权价值链利益分配契约并对原始 Shapley 值法模型进行了修正。

二　进一步研究的意义

研究植物品种权价值链利益分配问题的理论与方法丰富多样，受时间和笔者能力的限制，本书仅作了一些抛砖引玉的初步探索工作。还需进一步完善的问题主要体现在以下方面：应加强实地考察和调研，掌握更多翔实、准确的一手资料，通过更多的案例研究以分析结论的正确性。本次调查的地域范围相对狭窄，结论的科学性和有效性有待进一步检验和修正，今后应加强对植物品种权价值链链接节点增值性的研究，为企业决策提供良好的依据。

附　　录

植物品种权价值链利益分配影响因素调查问卷

您好！这是一份学术性的研究问卷，目的是调查影响植物品种权价值链成员间利益分配的因素，并希望能借此来研究植物品种权价值链利益分配契约的设计问题。敬请您能根据贵单位的实际情况，填写此问卷；如您无暇填写，烦请交由相关人员来填写。

本研究的资料纯粹作为学术研究之用，敬请放心填写。您的协助，将使本研究得以顺利完成，在此对您的协助表示诚挚的感谢。

山东农业大学经济管理学院

问卷填写说明

1. 为了您填写方便，问题项为选择题，个别题选择项如与需要不符，请在其他项中填写。纸质问卷请直接选择相关选项，电子问卷可直接将选中数字圈起。第二、三部分的问题采用 5 分评分制，具体如下：

　　1. 不同意　2. 基本同意　3. 同意　4. 比较同意　5. 十分同意

2. 尽可能以客观的态度来评价各项问题。

3. 对回答不了的问题尽可能询问贵单位相关专业人员。

4. 如果不能很好地理解问题项，请与我联系。

5. 如果对本次调查有任何疑问，请与我联系。

第一部分 基本资料

说明：此部分是为了了解贵公司的整体状况，请根据实际情况填空并在适当的"□"内打"√"，或直接在问题项后面的括号中填写选择项的序号。

1. 您在贵公司的职位是：
   □ 企业负责人 □ 营销部门负责人 □ 技术部门负责人
   □ 一般工作人员

2. 贵公司的经营年限为：
   □ 10 年以上 □ 5—10 年 □ 2—5 年 □ 2 年以下

3. 贵公司在整个种子行业中的经济实力：
   □ 尚处于起步阶段 □ 处于发展阶段 □在本行业具有较强经济实力

4. 贵公司有无育种研发合作伙伴：□ 有 □ 无

5. 如果有育种研发合作伙伴，双方采用的利益分配模式是：
   □ 固定支付模式 □ 产出分享模式 □ 销售分成模式
   □ 其他

6. 贵公司在选取利益分配模式时，重点考虑的因素有：
   □ 成本 □ 风险 □ 合作伙伴的实力

7. 贵公司有无种子销售合作伙伴：□ 有 □ 无

8. 贵单位的规模为：□ 中型企业 □小型企业 □大型企业

9. 贵公司的性质为：
   □ 国有经济企业 □集体经济企业 □股份合作制 □私营个体经济企业

10. 贵公司所处省市为：

11. 贵公司涉及的种子业务主要有：

第二部分 影响植物品种权价值链利益分配契约因素的调查

说明：请以贵单位为对象，根据实际情况对下列相关项目的描述进行评价，并在适当的数值上打"√"。

序号	题项	不同意◆————→十分同意				
Q1	在利益分配契约设计时，考虑成员在合作过程中的工作努力水平	1	2	3	4	5
Q2	在利益分配契约设计时，考虑成员在契约签订上的讨价还价能力	1	2	3	4	5
Q3	在利益分配契约设计时，考虑成员对价值链的投入	1	2	3	4	5
Q4	在利益分配契约设计时，考虑成员间达成的合作模式，包括研发利益分配模式或返利模式	1	2	3	4	5
Q5	在利益分配契约设计时，考虑成员对价值链的贡献	1	2	3	4	5
Q6	在利益分配契约中规定，当合作成员未完成约定目标时，对其进行惩罚	1	2	3	4	5
Q7	在利益分配契约设计时，考虑成员间风险成本的分担问题	1	2	3	4	5

第三部分　植物品种权价值链利益分配契约绩效

下面是有关植物品种权价值链利益分配契约绩效的表述。填写说明详见第二部分。

序号	题项	不同意◆————→十分同意				
Q1	在实际 PVR-VC 运行过程中，价值链的经济效益良好	1	2	3	4	5
Q2	在实际 PVR-VC 运行过程中，利益分配契约适应能力良好	1	2	3	4	5
Q3	在实际 PVR-VC 运行过程中，实际成员间的合作关系良好	1	2	3	4	5

再次感谢您抽出宝贵的时间参与此次调查！

参 考 文 献

［加］休·J. 阿诺德、［美］丹尼尔·C. 菲尔德曼：《组织行为学》，中国人民大学出版社 1990 年版。

科特勒（Kotler，P. ）：《营销管理》，清华大学出版社 2007 年版。

阿尔文·托夫勒：《力量的转移》，新华出版社 1991 年版。

蔡建湖、周根贵：《收益分享契约对供应链性能的影响分析》，《计算机集成制造系统》2008 年第 8 期。

曹東、杨春节、李平、周根贵：《不对称信息下供应链线性分成制契约设计研究》，《管理科学学报》2009 年第 2 期。

曹细玉、宁宣熙：《考虑退货价格的易逝品供应链协调性研究》，《管理科学》2007 年第 2 期。

陈建军：《供应链企业知识价值链模型及其管理方法研究》，《情报杂志》2008 年第 8 期。

陈建校、方静：《企业知识竞争力的演进路径与价值链管理模型》，《中国科技论坛》2009 年第 10 期。

陈敬贤、施国洪、马汉武：《供应链运作风险影响供应链绩效的实证研究》，《工业工程与管理》2009 年第 4 期。

陈志祥、马士华、陈荣秋：《供应链环境下企业合作对策与委托—代理机制初探》，《管理工程学报》2001 年第 1 期。

陈会英：《中国农产品加工产业组织理论与政策研究》，山东农业大学博士学位论文，2004 年版。

陈会英、周衍平、赵瑞莹：《植物品种权人出让品种权的意愿、动机和行为——基于 14 个省（市）的问卷调查与深度访谈》，《中国农村观察》2010 年第 3 期。

陈会英、周衍平、刘纪华：《植物品种权的权能构成与特性分析》，《美中经济评论》2007年第1期。

迟晓英等：《正确理解供应链与价值链的关系》，《工业工程与管理》2000年第4期。

傅家骥等：《技术创新学》，清华大学出版社1998年版。

高峰：《敏捷虚拟企业风险分担和利益分配有效性评价》，《商业研究》2004年第19期。

高美静、郭劲光：《企业网络中的信任机制及信任差异性分析》，《南开管理评论》2004年第3期。

贡文伟：《逆向供应链合作模式研究》，江苏大学博士学位论文，2010年。

顾莉：《顾客忠诚与企业赢利能力研究》，《江苏商论》2009年第6期。

桂萍、谢科范：《"盟主—成员"型战略联盟的利润分配》，《管理工程学报》2005年第2期。

桂云苗、龚本刚、程幼明：《不确定需求下考虑自由退货的供应链协调》，《计算机集成制造系统》2011年第6期。

郭天明：《基于价值链的公司价值创造研究》，经济科学出版社2008年版。

何丽红、李田华：《供应链收益共享契约研究进展综述》，《商业经济》2010年第35期。

何维达：《企业委托代理制的比较分析——制衡机制与效率》，中国财政经济出版社1999年版。

何勇、吴清烈、杨德礼、肖萍：《基于努力成本共担的数量柔性契约模型》，《东南大学学报》（自然科学版）2006年第6期。

何勇、吴清烈、赵林度：《考虑努力及价格因素的弹性数量契约模型》，《系统工程与电子技术》2007年第12期。

何勇、杨德礼：《考虑努力因素的退货政策模型》，《系统工程理论与方法应用》2005年第6期。

侯杰泰：《结构方程模型及其应用》，教育科学出版社2004年版。

胡本勇、王性玉：《考虑努力因素的供应链收益共享演化契约》，

《管理工程学报》2010 年第 2 期。

胡培、谭德庆、喻碧君：《生产商对经销商的最优返利设计》，《西南交通大学学报》2005 年第 6 期。

黄钢、徐玖平：《农业科技价值链系统创新论》，中国农业科学技术出版社 2007 年版。

黄俊英：《多变量分析》，华泰文化 2004 年版。

黄卫国：《基于知识价值链的知识工作者管理研究》，上海交通大学博士学位论文，2007 年。

姬小利：《生产成本信息不对称下的供应链契约设计问题研究》，《湖南科技大学学报》2006 年第 1 期。

姜方桃、李广水：《供应链管理绩效评价的一种有效评价方法》，《金陵科技学院学报》2006 年第 1 期。

姜荣：《基于分成制的集中控制式供应链合设计》，《江苏商论》2006 年第 11 期。

鞠卫平、张建明：《契约机制下农机作业委托利益主体行为的策略均衡分析》，《安徽农业科学》2009 年第 31 期。

卡利斯·Y. 鲍德温、金·B. 克拉克等：《价值链管理》，中国人民大学出版社 2001 年版。

科斯·哈特、斯蒂格利茨：《契约经济学》，李风圣译，经济科学出版社 1999 年版。

雷永：《产学研联盟利益分配机制研究》，上海交通大学硕士学位论文，2008 年。

李保红、刘建设、吕廷杰：《技术创新过程中的知识产权和标准化研究》，《中国科技论坛》2007 年第 7 期。

李丹、陈雅兰：《浅析我国政府在推进产学研合作中的角色扮演》，《引进与咨询》2003 年第 10 期。

李国芳：《农作物品种价值评估研究》，河北农业大学硕士学位论文，2008 年。

李浩、韩峰、刘希岩：《基于价格与努力因素的供应链退货政策模型研究》，《技术与创新管理》2009 年第 6 期。

李继军：《寡头下玉米种子销售返利模式与企业营销绩效的关联研

究》,《河南农业科学》2009 年第 10 期。

李良:《供应链契约刍议》,《西南民族大学学报》(人文社科版)2005 年第 3 期。

李萌、苏宁:《浅谈核心企业的价值链分析》,《价值工程》2005 年第 3 期。

李随成、张哲:《不确定条件下供应链合作关系水平对供需合作绩效的影响分析》:《科技管理研究》2007 年第 5 期。

李晓辉、周永源、高俊山:《动态合作的利益分配机制设计》《技术经济与管理研究》2010 年第 6 期。

李艳军:《油菜种子价值研究——基于长江中游油菜主产区的实证分析》,科学出版社 2010 年版。

李应、杨善林、郑家强:《供应链契约柔性研究》,《商业研究》2007 年第 11 期。

刘斌、陈剑、刘思峰:《一类短生命周期产品供应链的联合契约》,《系统工程》2005 年第 2 期。

刘朝刚、马士华:《供应链合作的稳定性分析》,《科技管理研究》2007 年第 2 期。

刘和东:《产学研合作中的地方政府行为研究》,《南京工业大学学报》(社会科学版)2008 年第 3 期。

刘学、庄乾志:《合作创新的风险分摊与利益分配》,《科研管理》1998 年第 5 期。

刘义娟:《价值链中节点企业之间关系的协调机制研究》,《财贸研究》2006 年第 5 期。

卢纪华、潘德惠:《基于技术开发项目的虚拟企业利益分配机制研究》,《中国管理科学》2003 年第 5 期。

卢少华等:《动态联盟企业的利益分配博弈》,《管理科学与工程》2004 年第 3 期。

骆品亮、周勇:《虚拟研发组织利益分配的分成制与团队惩罚机制研究》,《科研管理》2005 年第 5 期。

马洪江、唐小我、潘景铭:《基于创新努力决策柔性的军品供应商培植激励研究》,《控制与决策》2009 年第 6 期。

马丽娟：《供应链企业间的委托代理理论及道德风险的防范》《商业研究》2003 年第 9 期。

马庆国：《管理科学研究方法》，高等教育出版社 2008 年版。

马士华、林勇、陈志祥：《供应链管理》，机械工业出版社 2000 年版。

马士华、王鹏：《基于 Shapley 值法的供应链合作伙伴间收益分配机制》，《工业工程与管理》2006 年第 4 期。

马士华：《供应链企业间的合作与策略》，《现代物流》2002 年第 10 期。

马士华：《论核心企业对供应链战略伙伴关系形成的影响》，《工业工程与管理》2000 年第 1 期。

马文斌：《企业合作技术创新的利益分配模型》，《统计与决策》2008 年第 22 期。

马新安、张列平、田澎：《供应链管理中的契约设计》，《工业工程与管理》2001 年第 3 期。

孟卫东、周陨龙、杨静：《"盟主—成员"型战略联盟激励机制设计》，《工业工程》2011 年 1 期。

倪得兵、唐小我：《代理人努力决策柔性的分成制委托代理模型》，《管理科学学报》2005 年第 3 期。

牛志勇、黄沛、高维和：《基于零售商促销的渠道协调即数量折扣契约设计》，《上海管理科学》2009 年第 4 期。

潘文安：《供应链伙伴关系、整合能力与合作绩效的实证研究》，《科技管理创新》，2006 年第 5 期。

彭作和、田澎：《基于完全信息的供应链数量折扣契约设计》，《管理工程学报》2006 年第 2 期。

齐振宏：《我国农业技术创新过程的障碍与支撑平台的构建》，《农业现代化研究》2006 年第 1 期。

綦方中、翁潇彬、潘晓弘：《一种基于模糊综合评价法的动态联盟绩效评价方法》，《科技进步与对策》2006 年第 4 期。

秦娟娟、赵道政：《力量不对等供应链中不同定价权下的契约选择》，《管理科学》2009 年第 6 期。

邱皓政：《结构方程模式——LISREL 的理论、技术与应用》，双叶书廊 2005 年版。

让—雅克·拉丰、大卫·马赫蒂摩：《激励理论（第一卷）：委托—代理模型》，中国人民大学出版社 2002 年版。

司伟、范维芹、李士国：《返利经营对种子行业的影响》，《中国种业》2007 年第 3 期。

宋敏主编：《农业知识产权》，中国农业出版社 2010 年版。

苏勇：《供应链合作关系管理及其与供应链绩效关系的研究》，吉林大学博士学位论文，2009 年。

孙聪聪、孙利辉、王军：《基于价格弹性的努力影响需求的供应链利益共享契约研究》，《科学技术与工程》2010 年第 6 期。

孙永军、潘晓弘、程耀东、仲智刚、綦方中：《基于委托—代理机制的供应链合作关系模型》，《高技术通讯》2002 年第 10 期。

孙志峰：《供应链企业经济效益分析》，《沈阳农业大学学报》（社会科学版）2011 年第 3 期。

谭娟：《研究开发型动态联盟利益分配机制研究》，武汉理工大学硕士学位论文，2008 年。

汤齐：《敏捷虚拟企业建立过程及相关技术研究》，天津大学博士学位论文，2002 年。

汤少梁、肖增敏：《平等地位下知识创新联盟收益分配问题研究》，《科学学与科学技术管理》2007 年第 10 期。

陶青、钟伟俊：《合作伙伴关系中合作程度对其收益的影响》，《管理工程学报》2002 年第 1 期。

田厚平、刘长贤：《非对称信息下分销渠道中的激励契约设计》，《管理科学学报》2009 年第 3 期。

佟屏亚：《中国种业谁主沉浮》，贵州科学技术出版社 2002 年版。

汪贤裕、肖玉明：《博弈论及其应用》，科学出版社 2008 年版。

王国成：《竞争对策》，企业管理出版社 1997 年版。

王华、尹贻林：《基于委托—代理的工程项目治理结构及其优化》，《中国软科学》2004 年第 11 期。

王刊良、王嵩：《非对称信息下讨价还价的动态博弈：以三阶段讨价还价为例》，《系统工程理论与实践》2010 年第 9 期。

王玲：《从成员关系视角叹息供应链网络组织核心特征》，《物流技术》2007 年第 1 期。

王瑞敏、刘险峰：《基于知识价值链的知识管理模型研究》，《情报杂志》2006 年第 8 期。

王夏阳：《非线性成本约束、契约设计与供应链绩效》，《现代管理科学》2008 年第 5 期。

王迎军：《供应链管理实用建模方法及数据挖掘》，清华大学出版社 2001 年版。

王玉燕、李帮义、申亮：《TPT－CLSC 的协调研究》，《中国管理科学》2007 年第 5 期。

王重鸣、邓靖松：《虚拟团队中的信任机制》，《心理科学》2004 年第 5 期。

王重鸣：《心理学研究方法》，人民教育出版社 1990 年版。

文风：《基于竞争优势的供应链核心企业能力评价研究》，《科技进步与对策》2004 年第 9 期。

文科、朱延平：《供应链成员企业相关利益分配研究》，《商业研究》2010 年第 1 期。

吴明隆：《结果方程模型——AMOS 的操作与应用》，重庆大学出版社 2010 年版。

吴庆、但斌：《低值易逝品的第三方物流收入共享协调合同研究》，《管理工程学报》2009 年第 3 期。

吴文华：《产学研合作中的政府行为研究》，《科技管理研究》1999 年第 2 期。

武志伟、陈莹：《企业间关系质量的测度与绩效分析——基于近关系理论的研究》，《预测》2007 年第 2 期。

谢识予：《经济博弈论》，复旦大学出版社 1997 年版。

熊银解、傅裕贵、欧金荣等：《农业技术：创新·扩散·管理》，中国农业出版社 2004 年版。

徐碧琳、王熹：《组织间的非契约机制与网络组织运行效率研究述评》，《经济理论与经济管理》2008 年第 8 期。

徐慧、达庆利、黄永：《基于随机需求和顾客退货的供应链协调机制》，《东南大学学报》（自然科学版）2012年第1期。

徐瑞平、王丽、陈菊红：《基于知识价值链的企业知识创新动态模式研究》，《科学管理研究》，2005年第4期。

徐最、朱道立、朱文贵：《销售努力水平影响需求情况下的供应链回购契约》，《系统工程理论与实践》2008年第4期。

许庆瑞：《研究、发展与技术创新管理》，高等教育出版社2002年版。

杨静：《关于企业间信任与合作的关系探讨》，《统计与决策》2008年第10期。

杨治宇、马士华：《供应链企业间的委托代理问题研究》，《计算机集成制造系统》2001年第1期。

姚春序、王正成：《基于委托代理机制的网络化制造合作模型研究》，《科技进步与对策》2006年第1期。

姚泽有：《考虑努力及退货价格因素的易逝品供应链退货政策模型》，《预测》2010年第6期。

姚忠：《退货策略在单周期产品供应链管理中的作用》，《系统工程理论与实践》2003年第6期。

叶飞、徐学军：《动态联盟的绩效评价指标体系及其评价方法》，《中国软科学》2009年第9期。

叶飞：《含风险规避者的供应链收益共享契约机制研究》，《工业工程与管理》2006年第4期。

叶飞：《考虑退货物流成本情形下供应链的回购机制》，《工业工程》2007年第2期。

尹美群：《价值链与价值评估》，中国人民大学出版社2006年版。

于辉、陈剑、于刚：《批发价契约下的供应链应对突发事件》，《系统工程理论与实践》2006年第8期。

俞清、谢敦礼：《团队绩效的激励模型》，《浙江大学学报》（理学版）2002年第1期。

曾文杰、马士华：《供应链合作关系相关因素对协同的影响研究》，《工业工程与管理》2010年第2期。

斋藤优：《技术转移论》，中国科技技术出版社 1979 年版。

詹美求、潘杰义：《校企合作创新利益分配问题的博弈分析》，《科研管理》2008 年第 1 期。

詹姆斯·阿特拜克：《把握创新》，清华大学出版社 1999 年版。

张彩霞：《植物品种权许可实施问题研究》，山东农业大学博士学位论文，2011 年。

张翠华、任金玉、于海斌：《非对称信息下给予惩罚和奖励的供应链协同机制》，《中国管理科学》2006 年第 3 期。

张公一：《基于跨国技术联盟的合作创新机理研究》，吉林大学博士学位论文，2007 年。

张坚：《企业技术联盟绩效评价体系的比较和发展趋势分析》，《科研管理》2006 年第 1 期。

张凯、高远洋、孙霆：《供应链柔性批量订货契约研究》，《管理学报》2006 年第 1 期。

张青山、游明忠：《企业动态联盟的协同机制》，《中国管理科学》2003 年第 2 期。

张青山等：《虚拟企业联盟对象间的风险分担与利益分配》，《商业研究》2001 年第 225 期。

张首魁、党兴华：《网络环境下基于过程的技术创新能力构成及其三角模糊评价》，《软科学》2007 年第 5 期。

张天平：《供应链协同战略管理》，中国经济出版社 2010 年版。

张魏、张旭梅、肖剑：《供应链企业间的协同创新及收益分配研究》，《研究与发展管理》2008 年第 4 期。

张维迎：《所有制、治理结构及委托代理关系》，朱光华、段文斌：《企业的本质、治理结构和国有企业改革——现代企业理论研究论文集》，南开大学出版社 1998 年版。

张伟：《供应链中的收益共享博弈与契约设计》，《科技进步与对策》2010 年第 21 期。

张文艳：《植物品种权合作实施伙伴选择问题研究》，山东农业大学硕士学位论文，2011 年。

张晓林、吴育华：《创新价值链及其有效运作的机制分析》，《大连理工大学学报》（社会科学版）2005 年第 3 期。

　　张延峰、田增瑞：《战略联盟绩效影响因素的实证研究》，《研究与发展管理》2007 年第 3 期。

　　章琰：《技术转移中的知识流和知识产权分析》，《自然辩证法研究》2007 年第 6 期。

　　赵晗萍等：《供应链博弈问题综述》，《北京航空航天大学学报》（社会科学版）2005 年第 4 期。

　　赵松涛、吴丽芳：《委托—代理模型在供应链契约设计中的应用》，《企业经济》2005 年第 3 期。

　　赵晓飞、李崇光：《农产品供应链联盟的利益分配模型与策略研究》，《软科学》2008 年第 5 期。

　　周衍平、杨学成：《农业技术产权实施的模式选择与保障措施》，《中国农村经济》2006 年第 11 期。

　　周衍平、王春艳、孙兆东：《中国植物品种权保护制度实施评价》，《山东农业大学学报》（社会科学版）2009 年第 1 期。

　　周衍平、陈会英、胡继连：《农业技术产权保护问题研究》，《农业经济问题》2001 年第 11 期。

　　周衍平：《农业技术产权问题研究》，山东农业大学博士学位论文，2003 年。

　　周衍平：《中国植物新品种权保护制度研究》，《山东农业大学学报》（社会科学版）2001 年第 3 期。

　　周小庄、赵禹骅：《JIT 供应链的惩罚机制研究》，《华东经济管理》2006 年第 2 期。

　　周宏、陈超：《我国植物新品种保护制度对农业技术创新的影响》，《南京农业大学学报》（社会科学版）2004 年第 1 期。

　　卓剑芝、王旭、李希成：《含有风险的供应链联盟伙伴利益分配法》，《系统工程》2008 年第 10 期。

　　卓翔芝：《供应链联盟伙伴关系动态演化机理研究》，重庆大学博士学位论文，2008 年。

　　Aaron J. Shenhar, Dov Dvir. *Reinventing Project Management：The Diamond Approach to Successful Growth and Innovation.* Harvard Business

Press, 2007.

Alchian, A., Demsetz, H. "Production, Information Costs, Economic Organization." *American Economic Review*, 1972, 62 (5): 777-795.

B. Holmstrom. "Moral Hazard in Teams." *Bell Journal of Economics*, 1982, 13 (3).

Banerjee, A. A. Quantity Discount Pricing Model to Increase Vendor Profits. Manangement Science, 1986, 32 (11): 1513-1517.

Barnes-Schster, D., Bassok, Y., Anupindi, R. "Coordination and Flexibility in Supply Contracts with Options." *Manufacturing and Service Operations Management*, 2002, 4 (3): 171-207.

Bassok, Y., Anupindi, R. Analysis of Supply Contracts with Commitments and Flexibility. Working Paper, Revised 1998.

Beamon, B. M. Performance Measures in Supply Chain Management in Proceedings of the Conference on Agile and Intelligent Manufacturing Systems. New York: Rensselaer Polytechnic Institute, 1996.

Begemann, C. "Dynamic of Performance Measurement System." *International Journal of Operations & Production Management*, 2000, 20 (6): 692-704.

Bendiner, J. "Understanding Supply Chain Optimization." *APICS-The Performance Advantage*, 1998 (1): 34-40.

Brandrach, J. L., Eccles, R. G. "Price, Authority and Trust." *Annual Review of Sociology*, 1989 (15): 97-118.

C. S. Srinivasan. "Exploring the Feasibility of Farmers' Rights." *Development Policy Review*, 2003, 21 (4): 419-447.

Cachon, G. P., Larivere, M. A. "Supply Chain Coordination with Revenue Sharing Contracts: Strengths and Limitations." *Management Science*, 2005, 51 (1): 30-44.

Cachon, G. P. "Supply Chain Coordination with Contracts." Graves, S. C., Kok, A. G., *Handbooks in Operations Research and Management Science*. Boston: Elsevier, 2003: 229-340.

Cachon, G., Lariviere, M. "Contracting to Assure Supply: How to

Share Demand Forecasts in a Supply Chain. " *Management Science*, 2001, 47: 629–646.

Chakravarty, S., Goddard, J., Hodgkinson, L. "Shareholders and Corporate Elections. " *Journal of Management and Governmence*, 2004, 8 (2): 187–197.

Chen Jing, Bell, Peter C. "Coordinating a Decentralized Supply Chain with Customer Returns and Price-Dependent Stochastic Using a Buyback Policy. " *European Journal of Operational Research*, 2011, 212 (1): 293–300.

Clark Eustace. "A New Perspective on the Knowledge Value Chain. " *Journal of Intellectual Capital*, 2003, 4 (4): 588–596.

Dana, J. D., Spier, K. "Revenue Sharing and Vertical Control in the Video Rental Industry. " *The Journal of Industrial Economics*, 2001 (3): 223–245.

Daniela Carlucci, Bernard Marr, Gianni Schiuma. "The Knowledge Value Chain: How Intellectual Capital Impacts on Business Performance. " *Int. J. Technology Management*, Vol. 27, Nos. 6/7, 2004.

Das, T. K., B. S. Teng. "Risk Types and Inter-firm Alliance Structures. " *Journal of Management Studies* 33, 1996: 827–843.

David Gindis, Bernard Baudry. The V-Network Form: Economic Organization and the Theory of the Firm. University of Lyon, Working Paper, 2005 (10).

David M. Walker. *The Oxford Companion to Law*. Oxford University Press, 1980.

David Walters, Mark Rainbird. "The Demand Chain as an Integral Component of the Value Chain. " *Journal of Consumer Marketing* 21, 2004 (7): 465–475.

Deloitte. *Supply Chain Risk Management*. Netherlands: Deloitte, 2004.

Ellram, L. M. "Supply Chain Management: The Industrial Organization Perspective. " *International Journal of Physical Distribution and Logical Management*, 1996, 21 (1): 13–22.

Frascatore, M. R. , Ahmoodi F. *Long-term and Penalty Contracts in a Two-stage Supply Chain with Stochasticdem and Postsdam.* NY: Clarkson University, 2003.

Frazier, G. L. , Rody, R. C. "The Use of Influence Strategies in Interfirm Relationships in Industrial Product Channels. " *Journal of Marketing*, 1991, 55: 52–69.

Fynes, B. , Voss, C. , Burca, S. "The Impact of Supply Chain Relationship Quality on Quality Performance. " *International Journal of Production Economics*, 2005, 96: 339–354.

Fynes, B. , Voss, C. "The Moderating Effect of Buyer-supplier Relationships on Quality Practices and Performance. " *International Journal of Operations and Production Management*, 2002, 22 (6): 589–613.

Gerhak, Y. , Wang, Y. Coordination in Decentralized Assembly Systems with Random Demand [R] . InformsSalt Lake City, 2000.

Gilbert, F. W. , Young, J. O. , Neal, C. R. "Buyer-seller relationships in JIT Purchasing Environment. " *Journal of Business Research*, 1994, 29 (2): 111–120.

Glenn E. Bugos, Daniel J. Kevles. Plants as Intellectual Property: American Practice, Law and Policy in World Context, Osiris, 2nd Series, Vol. 7, 1992: 74–104.

Gokhan Ozertan. Intellectual Property Rights Protection of Reproducible Biotechnology Innovations. PH. D Thesis, Texas A & M University, 2001.

Grabowski, M. , Roberts, K. H. Risk Mitigation in Virtual Organizations. Organization Science, 1999, 10 (6): 704–721.

Gulati, R. Alliances and Networks. *Strategic Management Journal*, 1998, 19: 293–317.

Gulati, R. "Social Structure and Alliance Formation Pattern: A Longitudinal Analysis. " *Administrative Science Quarterly*, 1995b, 40: 619–652.

Hahn, K. H. , Hwang, H. , Shinn, S. W. "A Return Policy for Distribution Channel Coordination fo Perishable Items. " *European Journal of Operational Research*, 2004, 152 (3): 770–779.

Hammer, M. , Champy, J. *Reengineering the Corporation*. London: Nicholas Brearley Publishing, 1993.

Haresh G. A Study of Quantity Discount Pricing Models with Different Ordering Structures Order Coordination, Order Consolidation and Multi-tier Order Hierarchy. International Journal of Production Economics, 2001, 72 (2): 203-225.

Harland C. "Supply Chain Operational Performance Roles. " *Integrated Manufacturing System*, 1997, 8 (2): 70-78.

He Yong, Zhao Xuan, Zhao Lindu, et al. "Coordinating a Supply Chain w ith effort and price dependent stochastic demand. " *Applied Mathematical Modelling*, 2009, 33 (1): 2777-2790.

Heide, J. B. & John, G. "Alliances in Industrial Purchasing: The determinants of Joint Action in Buyer-supplier Relationships. " *Journal of Marketing Research*, 1990, 27 (1): 24-36.

Hendricks, K. , Singhal, V. "An Empirical Analysis of the Disruption on Long-turn Stock Price Performance and Equity Risk of the Firm. " *Production and Operations Management Society*, 2005, 14 (1): 25-53.

Homlstrom, B. "Managerial Incentive Problema Dynamic perspective. " *The Review of Economic Studies*, 1999, 66: 169-182.

Homlstrom, B. "Moral Hazard in Team. " *Bell Journal of Economics*, 1982, 13: 324-340.

Hon-Shiang Lau, Amy Hing-Ling Lau. "Manufacturer's Pricing Strategy and Return Policy for a Single-period Commodity. " *European Journal of Operation Research*, 1999, 116: 291-304.

Hurwicz, L. "The Design of Mechanisms for Resource Allocation. " *American Economic Review*, 1973, 6 (3): 21-30.

Inkpen, A. C. Beamish, P. W. "Knowledge Bargaining Power and the Instability of International Joint Ventures. " *Academy of Management Reviews*, 1997 (22): 177-202.

James R. Bright. *Practical Technology Forecasting*. Awstin. Technology Futures. Inc. , 1970.

Janusz B. "Model-based Process Redesign." *Journal of Intelligent Manufacturing*, 1997 (8): 345–356.

Jarillo, Jose, C. "On Strategy Network." *Strategy Management Journal*, 1988 (9).

Jason de Oliveira Duarte, *Titulo*: *Effects of the Biotechnology and Intellectual Property Law in the Seed Industry*, Ano de Obtencao: 2001. Orientador: Richard K. Perrin.

Jefferey F. Rayport, John J. Sviokla. "Exploiting the Virtual Value Chain." *Harvard Business Review*, 1995 (11–12).

Jeuland, A. P. , Shugan, S. M. "Channel of Distribution Power when Channel Members for Conjectures." *Market Science*, 1988 (7): 239–272.

Jia N. X, et al. "Profit Allocation of Independent Power Producers based on Cooperative Game Theory." Electrical Power & Energy Systems, 2003, (25): 633–641.

Joel M. Podolny, Karen L. Page. Network Forms of Organization. Graduate School of Business, Stanford University, Annual Reviews, 1998 (24): 57–76.

Julian M. Alston, Raymond J. Venner. "The Effects of the US Plant Variety Protection Act on Wheat Genetic Improvement." *Research Policy*, 2002 (31): 527–542.

K. Zimmer. "Supply Chain Coordination with Uncertain Just-in-time Delivery." *Production Economics*, 2002, 77: 1–15.

Kaplan, D. "The Impact of spicification Error on the Estimation, Testing and Improvement of Structural Equation Models." *Multivariate Behavioral Research*, 1988, 23: 69–86.

Kim, K. H. , Hwang, H. "Simultaneous Improvement of Supplier's Profit and Buyer's Cost by Utilizing Quantity Discount." *Journal of the Operational Research Society*, 1989, 40 (3): 255–265.

Klaus Kultti, Tuomas Takalo. "Incomplete Contracting in an R&D Project: The Micronas Case." *R&D Management*, 2000, 30 (1).

Klein, B. , Crawford, R. G. & Alchian, A. A. "Vertical Integration,

Appropriable Rents and the Competitive Contracting Process. " *Journal of Law and Economics*, 1978 (21): 297–326.

Kohli, R. , Park, H. "Coordinating Buyer-Seller Transactions across Multiple Products. " *Management Science*, 1994, 40 (8): 1145–1149.

Kreps, D. Corporate Culture and Economic Theory, in *perspectives on political economy* edited by James Alt and Kenneth Shepsle. Cambridge University Press, 1990: 90–143.

Krishnan, H. , Kapuscinski, R. , Butz, D. Coordinating Contracts for Decentralized Supply Chains with Retailer Promotional Effort. Ann Arbor, Mich. , USA: University of Michigan, 2001.

Krishnan, H. , Kapuscinski, R. "Coordination Contracts for Decentralized Supply Chains with Retailer Promotional Effort. " *Management Science*, 2004, 50 (1): 48–63.

Krus L. , et al. "Cooperative Game Solution Concepts to a Cost Allocation Problem. " *European Journal of Operational Research*, 2000, (122): 258–271.

Laffont, J. J. , Rochet, R. "Regulation of a Risk-Averse Firm. " *Econometrica*, 1999, 67: 741–782.

Lal, R. , Staelin, R. "An Approach for Developing an Optimal Discount Pricing Policy. " *Management Science*, 1984, 30 (12): 1524–1539.

Lariviere, M. A. , Porteus, E. L. "Selling to the Newsvendor: An Analysis of Price-only Contracts. " *Manufacturing and Service Operations Management*, 2001, 3 (4): 293–305.

Lariviere, M. A. Supply Chain Contracting and Coordination with Stochastic Demand. Quantitative Models for Supply Chain Management, 1999, 17 (2): 235–268.

Lence, Sergio H. , Dermot, J. , et al. "Welfare Impacts of Intellectual Property Protection in the Seed Industry. " *American Journal of Agricultural Economics*, 2005, 87 (4): 951–968.

Li Susan, Huang Zhimin, Zhu Joe, et al. "Cooperative Advertising Game Theory and Manufacturer- Retailer Supply Chains. " *Omega*, 2002,

30（5）：347-357.

Mariano Escobedo. Intellectual Property in Agricultural Biotechnology and Agribusiness Strategy: The Problem of Investment in R&D, PH. D thesis, The Ohio State University, 2002.

Marshall Van Alstyne. "The State of Network Organization: A Survey in Three Frameworks. " *Journal of Organizational Computing*, 1997, 7 （3）.

Meade, L. M. , Lilesa, D. "Justifying Alliances and Partnering: A Prerequisite for Virtual Enterprise Infrastructure . " *Omega*, 1997, 25 （1）：267-287.

Mezzeti, C. , Tsoulouhas, T. "Gathering Information before Signing a Contract with a Privately Informed Principle. " *Supply Chain Management.* North-Holland, 2003.

Michael, P. *Competitive Strategy.* New York: Free Press, 1980.

Mirrlees, J. A. "The Optimal Structural of Incentive and Authority Within an Organization. " *Bell Journal of Economics*, 1976, 7 （1） .

Mishare, D. P. , Heide, J. B. , Cort, S. G. "Information Asymmetry and Levels of Agency Relationships. " *Journal of Marketing Research*, 1998 （35）：277-295.

Monahan, J. P. "A Quantity Discount Pricing Model to Increase Vendor Profits. " *Management Science*, 1984, 30 （6）：720-726.

Morasch, K. "Moral Hazard and Optimal Contract Form for R&D Cooperation. " *Journal of Economic Behavior & Organization*, 1995 （28）：63 -68.

Morasch, K. "Strategic Alliances as Stackelberg Cartels-concept and Equilibrium Alliance Structure. " *International Journal of Industrial Organization*, 2000, （18）：257-278.

Mostard Julien, Tenuter Ruud. "The Newsboy Problem with Resalable Returns: A Single Period Model and Case Study. " *European Journal of Operational Research*, 2006, 169 （1）：81-96.

Mueller, R. O. "Structural Equation Modeling: Back to Basics. " *Structural Equation Modeling*, 1997 (4): 353–369.

N. Rosenberg. *Inside the Black Box*. London: Cambridge University Press, 1982.

Padmanabhan, V. , Png, I. P. "Returns Policies: Make Money by Making Good. " *Sloan Management Review*, 1995, 37: 65–72.

Pasternack, B. A. "Optimal Pricing and Returns Policies for Perishable Commodities. " *Marketing Science*, 1985, 4 (2): 166–176.

Pasternack, B. "The Capacitated Newboy Problem with Revenue Sharing. " *Journal Of Applied Mathematics and Decision Sciences*, 2001, 5 (1): 21–33.

Pastor, M. , Sandonis, J. "Research Joint Ventures vs. Cross-licensing Agreements: An Agency approach. " *International Journal of Industrial Organization*, 2002 (20): 215–249.

Pearce, D. G. , Stacchetti, E. "The Interaction of Implicit and Explicit Contracts in Repeated Agency. " *Games and Economics Behavior*, 1998, 23: 75–96.

Starbird, S. A. "Penalties, Rewards and Inspection: Provision for Quality in Supply Chain Contracts. " *Journal of the Operation Research Society*, 2001, 52: 109–115.

Pray, Carl and Robert Tripp. "Industrial Policy Issues: Participation, Prices and Property Rights. " *Maize Seed Industries in Developing Countries*, 1998, Morries, M. L. (ed.), Lynne Rienner/ Cimmyt, Boulder.

Queila S. Garcial, Juliana L. P. Rezendel and Ludmila M. S. Aguiar, "Seed Dispersal by Bats in a Disturbed Area of Southeastern Brazil. " Revista de Biologia Tropical, Costa Rica, 2000, v. 48: 125–128.

Robert G. Cooper. *Winning at New Products: Accelerating the Process from Idea to Launch*. Second edition. Perseus Books, 1993.

Rosa Grimaldi, Nick von Tunzelmann. "Assessing Collaborative, Precompetitive R&D Projects the Case of the UKLNK Scheme. " *R&D Management*, 2001, 32 (2): 165–173.

Rothwell, R. "Successful Industrial Innovation: Critical Success Factors for the 1990s." *R&D Management*, 1992, 22 (3): 221–239.

Sadeh, A., Dvir, D., Shenhar, A. "The Role of Contracts Type in the Success of R&D Defense Projects under Increasing Uncertainty." *Project Management Journal*, 2000 (31): 14–22.

Sako, Mari. "Supplier Relationships and Innovation." In *The Handbook of Industrial Innovation*. Eds. Mark Dodgson and Roy Rothwell. London: Edward Elgar, 1994.

Sanchoy K. Das, Layek Abdel-Malek. "Modeling the Flexibility of Order Quantities and Leading-times of Supply Chains." *Production Economics*, 2003, 85: 171–181.

Santoro, M. D., Chakrabarti, A. K. "Firm Size and Technology Centrality in Industry-University Interactions." *Research Policy*, 2002, 31 (7): 1163–1180.

Schneeweiss, C., Zimmer, K. "Hierarchical Coordination Mechanisms within the Supply Chain." *European Journal of Operational Research*, 2004, 153: 687–703.

Shanhan, S. S., Proth, J. M. "Analysis of a Supply Chain Partnership with Revenue Sharing." *International Journal of Production Economics*, 2005, 97 (1): 44–51.

Shenhar, A. J., David, D. "Toward a Typological Theory of Project Management." *Research Policy*, 1996 (25): 607–632.

Smeltzer, L. R., Siferd, S. P. "Productive Supply Management: The Management of Risk." *International Journal of Purchasing and Materials Management*, 1998, 34 (1): 38–45.

Tang, C. S. "Perspective in Supply Chain Risk Management." *International Journal of Production Economics*, 2006, 103 (2): 451–488.

Taylor, T. A. "Supply Chain Coordination under Channel Rebates with Sales Effort Effects." *Management Science*, 2002, 48 (8): 992–1007.

Teng, B. S. "Corporate Entrepreneurship Activities through Strategic Alliances: A Resource-base Approach toward Competitive Advantage."

Journal of Management Studies, 2002, 44 (1): 119–142.

Thompson, B. "Ten Commandments of Structural Equation Modeling." In L. G. Grimm & P. R. Yarnold (eds.). *Reading and Understanding More Multivariate Statistics*. Washington DC: American Psychological Association, 2000: 261–283.

Thompson, J. D. *Organizations in Action*. New York: McGraw-Hill, 1967.

Tim Powell. The Knowledge Value Chain (KVC): How to Fix It When It Breaks, Presented at Knowledge Nets 2001, New York City, May 2001. Published in M. E. Williams (ed.), Proceedings of the 22nd National Online Meeting.

Tsay, A. A., Lovejoy, W. S. "Quantity-Flexibility Contracts and Supply Chain Performance." *Manufacturing and Service Operations Management*, 1999 (1): 118–149.

Van Der Vort J. Effective Food Supply Chains: Generating, Modeling and Evaluating Supply Chain Scenarios. Wageningen Universtiy, 2000.

Varian, H. R. "Monitoring Agents with Other Agents." *Journal of Institutional and Theoretical Economics*, 1990, 144 (1): 153–174.

Vijay K. Jolly. *Getting From Mind to the Market-The Commercialization of New Technology*. Harvard Business School Press, 1997.

Vlachos Dimitrios, Dekker Rommert. "Return Handling Options and Order Quantities for Single Period Products." *European Journal of Operational Research*, 2003, 151 (1): 38–52.

W. Lesser. "Valuation of Plant Variety Protection Certificates." *Review of Agricultural Economics*, Vol. 16, No. 2, 1994 (5): 231–238.

Wang C. X. A General Framework of Supply Chain Contract Models. Decision Science Institute 2002 Annual Meeting Proceeding. 2002: 431–436.

Wang, Y., Cerchak, Y. "Supply Chain Coordination when Demand is Shelf-space Dependent." *Manufacturing and Service Management*, 2001, 3 (1): 82–87.

Whang, S. "Coordination in Operations: A Taxonomy." *Journal of Operations Management*, 1995 (12): 413-422.

Wu Jianghua. "Quantity Flexibility Contracts under Bayesian Updating." *Computers & Operations Research*, 2005, 32 (5): 1267-1288.

Yao, Z., Leung, S. C. H., Lai, K. K. "Analysis of the Impact of Price-Sensitivity Factors on the Return Policy in Coordinating Supply Chain." *European Journal of Operational Research*, 2008, 187: 275-282.

Yao, Z., Leung, S. C. H., Lai, K. K. "Manufacturer's Revenue-Sharing Contract and Retail Competition." *European Journal of Operational Research*, 2008, 186: 637-651.

致　　谢

即将毕业，随着论文的完成，猛然间发现博士期间的时光已经悄然而逝。三年来，山东农业大学经济管理学院各位老师、同学的教诲和帮助让我受益匪浅。在此，我要向他们表示最诚挚的谢意！

2009年刚进入山东农业大学的时候，导师周衍平教授就给我定下了研究方向"植物品种权"，教导我一定要多看书，多做笔记，多思考。只有在形成了自己的思路后才能顺利完成毕业论文的写作。回首这三年的时光，我才慢慢体会到周老师每一句、每一字的含义，才体会到老师的用心良苦。从论文的选题、提纲的确定、资料的搜集到论文中每一章节、每一段落甚至标点符号，周老师都付出了心血和精力，没有周老师的鼓励和鞭策，我不可能有现在的收获。

感谢我的师母陈会英教授。陈老师不仅在学业上，而且生活上激励与点拨我，帮助我开阔思路。在此向陈老师致以最衷心的感谢！

感谢经济管理学院的胡继连教授、杨学成教授、史建民教授、孙世民教授、葛彦祥教授等对我的指导和帮助，他们的传导、授业让我受益匪浅，为论文的写作提供了思路与方法。

感谢在攻读博士学位期间，曾经提供过帮助的各位同学和师兄妹：张彩霞、张文艳、戎丽丽、张务伟、厉昌习、黄红光、王海波、孙占文、彭玉珊、接玉梅、陈昕等。在此，向他们表示真诚的祝福！

感谢我的家人，没有他们的陪伴和支持，就没有我今天的成绩。在即将毕业之时，我要向他们说一声：谢谢！

最后衷心感谢花费大量时间和精力审阅本论文以及参加答辩的各位专家、评委老师！由于作者学识有限，论文难免有错误之处，敬请批评指正。谢谢！

高　洁